磯村元信 編
isomura motonobu

大作物語

「家がしんどい」子どもたちを支える
社会的養護のリアル

新評論

はじめに

本書を手にされた読者のみなさんに、まずは稀有な経歴をもつ不思議な男を紹介したい。初めて出会った誰もが、「こいつはやばい」、「これはやっかいなことになる」と思ってしまうような男である。ところが、気が付いたらすっと人の懐に入りこんでいて、あっという間に「仲間の輪」を広げてしまうという男でもある。私も、知らぬ間に彼が懐にいて、このような本をつくることになってしまった。

　このような不思議な男を知っていただくために、まずは次に掲載した文章を読んでいただきたい。これからはじまる物語の主人公が、定時制高校の卒業式において「卒業生代表」として述べた答辞（二〇〇ページに全文を掲載）の一部である。

　振り返ってみると、自分にとっての高校生活は、大きなきっかけになったので、在校生のみなさんも、のらりくらり学校生活を送るんじゃなく、大事に学校生活を送ってください。教員のみなさんも、のらりくらり教員生活をおくるんじゃなく、学校をもっと愛して、生徒

を見下さないでください。ごらいひんのみなさんも、差別問題に少しでもかかわっていってほしいと思います。

この不思議な男は、小学校のころから、いじめ、不登校、暴力、非行、児童養護施設への入所という壮絶な少年時代を送ってきた。さらに、まともに勉強をしてこなかったこともあって、「読み書き」ができないという男でもあった。そんな男が、二〇歳を過ぎてから定時制高校に入学し、そこで「言葉」と「差別」に目覚め、大人の男として成長を遂げていった。現在は、なんと、自身が入所していた児童養護施設で働いている。

この男は、どのようにして言葉と出合い、その言葉を使って、大人たちに何を伝えようとしてきたのだろうか。そして、私たちは、この男の生き様から何を学

「答辞」を読んだ男は、前年、在校生代表として「送辞」も読んでいた

ぶべきなのだろうか。それが本書を著す目的であり、テーマとなる。

他者を拒絶し、威嚇と暴力でしか
自分の意思を伝えられない子どもたちに、
「言葉」を与えることが自分の仕事だと思ってきた
言葉で自分を伝えること
言葉で相手を説得すること
それができたとき、威嚇も暴力も必要なくなる
そうやって他人との関係を作っていけるように
「言葉」を教えたい、とずっと思ってきた

掲載した言葉は、この男が通った定時制高校の担任、草淳子先生が「全国定時制通信制高校柔道大会」の記念誌に「前夜」というタイトルで寄稿したものの一節である（一七九〜一八一ページに全文掲載）。そう、この男に言葉を教えたのは定時制高校の教員たちであった。

この男のような「困った子ども」は、言葉を用いて「自分自身」をうまく伝えることができない。揺れ動く気持ちをどのように言葉にするのか、言葉にならない思いをどのように伝える

のか……。言葉を操れない子どもたちは、結局、自らが一番困ってしまうことになる。

いじめ、不登校、貧困、虐待、ネグレクト、ヤングケアラーなど、深刻な困難を抱えた子どもたちが増加の一途をたどっている。その多くが、家族や家庭での問題を抱えている「家がしんどい」と言う子どもたちである。それゆえ、自己責任で片づけるわけにもいかない。そして彼らは、フリーズしたり、引きこもったり、あるいは暴言を吐いたり、暴力を振るったり、さらには希死念慮を抱いたりと、混乱している。このような子どもたちを前にして、支援に入っている大人たちもほとほと手をこまねいている。

拙著『「困った生徒」の物語』（新評論、二〇二四年）では、学校から合理的に排除（退学や転学）されたり、自暴自棄に陥ってドロップアウトしてしまうという「困った生徒たち」を描いた。幸いにして、多くの読者から温かいメッセージをいただいたが、見方を変えればこの本は、言葉で自分を伝えられない子どもたちのことを、教員や支援する大人の言葉で描いた物語と言える。本書の主人公である男のように、多くの「困った生徒たち」が言葉を用いて自らを伝えることができていたなら、まったく別の物語になっていたかもしれない。

貧富の格差が広がる社会のなか、過酷な家庭環境に暮らす子どもたちが何を考え、何を思って生きているのだろうか。そのような子どもたちに接する教員や大人が発する言葉と、子どもたちの言葉にならない言葉との間に、果たして齟齬《そご》や行き違いはないのだろうか。

そんな疑問を抱いていたころ、児童養護施設に送られたこの不思議な男が、定時制高校に在学しているときに過去の自分を振り返り、書いた文章（自分史）があるということを知った。そして、それを読んだことで、この男の言葉を通して、今の社会や学校、そして家族や親子のかかわりを物語として描いてみたいと思った。

本書がテーマとするところは、困難を抱えた子どもたちの言葉にならない言葉、言葉にできない思い、そして、その背景にある家族や家庭が抱えている闇に、支援する大人たちはどのように向きあっていけばいいのかといった「正解のない問いかけ」となる。

本書を通して、みなさんなりの答えを考えてほしいと思っているが、まずは、そこにたどり着くための予備知識を得るために、貧困や家族の困難をリアルに描いた「ある街」へ寄り道をしていただきたい。

もくじ

第2章　心の問答‥97

第3章　大作の輪‥159

1　こいつはやばそうだ。また、面倒なことになるぞ‥160
（元東京都立高等学校教諭・若林眞）

2　決めたよ！　俺、施設の先生になる‥167
（東京都立大島高等学校教諭・野村頼和）

3　大作の輪・大作から学ぶこと‥174
（東京都立田無高等学校教諭・柳浦《やなうら》康宏）

4　大作の生き方‥188
（全国定時制通信制柔道大会事務局長・小池勝男）

エピローグからのプロローグ――彼と私のよもやま話（齊藤沙映）‥210

大作物語——「家がしんどい」子どもたちを支える社会的養護のリアル

プロローグ

✻季節のない街

最近、小説に描かれている「ある街」が気になるようになった。ここは、かつて映画にもなり、最近はドラマにもなっている。この「ある街」とは、みなさんもご存じだと思うが、山本周五郎（一九〇三～一九六七）の不朽の名作『季節のない街』（文藝春秋新社、一九六二年。新潮文庫、一九七〇年）に描かれているところである。

一九七〇年、黒澤明監督は、『どですかでん』（四騎の会・東宝製作）という映画において、「電車ばか」の六ちゃんを主人公に「ある街」を描いている。ちなみに、「どですかでん」とは、六ちゃんが運転する架空の市電の擬音、すなわち六ちゃんが口ずさむ車輪の音である。

二〇二四年には、宮藤官九郎が『季節のない街』というドラマ（テレビ東京、二〇二四年四月～六月）を企画・監督・脚本の三役でつくりあげている。舞台を現代に置き換えて、「ある街」の仮設住宅で暮らす人々を描いたものであ

新潮文庫、2019 年

る。「ある街」の住人はみんな貧しく、家族や家庭、夫婦や親子の関係は「破綻」や「崩壊」と言っても過言ではない状況となっている。

今、なぜ「ある街」が気になるのだろうか。また、「ある街」が時代を超えて描かれる理由は何なのだろうか。察するに、現代社会の貧困や家族の問題を身近に感じる人、そして不安に感じている人が多くなっているということだろう。さらに、「ある街」に暮らす人々の生活が、「自己責任」ではすまされない、複雑かつ残酷な「社会の闇」を浮き彫りにしたものになっているからであろう。

「ある街」への寄り道ついでに、家族や家庭という闇のなかで暮らす子どもたちの言葉にならない言葉や、言葉にできない思いと、大人が抱いている思いとのズレを眺めてみよう。とくに、子どもがやっとの思いで搾りだすように発した言葉と、それに対する大人の言葉とのすれ違いに注目をしていただきたい。

✼街へゆく電車

母子家庭の六ちゃんは架空の市電の運転業務に励み、母親のおくにさんは小さな天ぷら屋を営み、ささやかな暮らしを送っている。六ちゃんは、「ある街」で「電車ばか」とからかわれている。そんな息子が「まともになるように」と案ずる母親と、自分のことで心を痛めている母親を憐れむ六ちゃんは、毎晩、二人並んで仏壇の前に座って拝んでいる。

「なんみょうれんぎょう」坐るとすぐに六ちゃんが、仏壇に向っておじぎをしながら、母親に先んじてお願いをする、「――おそっさま、毎度のことですが、どうか、かあちゃんの頭がよくなるように、よろしくお願いします。なんみょうれんぎょう」（前掲書、一三ページ）

（中略）

どうしてそんなに心配ばかりするのさ、かあちゃん、なにが不足なんだい、と六ちゃんは幾たびも云った。そうだよ、不足なんかなんにもないよ、心配なんかしちゃあいないよ、とおくにさんはいつも答えるが、その顔にあらわれている望みを失ったような悲しみの影は、消えも弱まりもしなかった。六ちゃんにはそれが気がかりなのだ、このままでなんの不足もないのに、精をすり減らしているかあちゃんが哀れで、そんなかあちゃんをなんとかしてまともなものにしてやりたい、と念じているのであった。（前掲書、一四ページ）

✿プールのある家

その父子は、「ある街」にある犬小屋よりもみすぼらしい小屋に暮らしていた。子どもは「繁華街」にある「のんべ横丁」へ物乞いに行き、そこでもらった残飯で飢えをしのいでいた。父と子は、いつか建てるはずの自分たちの家について語りあっていた。

「場所は丘がいいな」、「家を建てるにはさ、まず門というものが大切さ」、「いよいよ家具を入れる段になったな」といった父の空虚な言葉に子どもは耳を傾け、相槌を打ち、溜息をつき、唸っていた。

九月初めの暑い夜、一週間ほど激しい下痢をしたのち、この小屋の中であっけなく子どもは死んでしまう。

病院に行ってないので死因は分からない。ただ、子どもが、「火をとおして喰な」と言われてもらってきた「しめ鯖《さば》」を煮ようとしていると、父が首を振りながら、「しめ鯖《さば》を煮たりなんかしちゃあ食えやしないよ」と言った。「だけどね……」と子どもは半べそで笑い、あとの言葉を飲みこんで「しめ鯖」を煮るのをやめた。

その日の午後から、父子の腹痛と下痢がはじまった。


「ねえ」と子供が云った、「忘れてたけどさ、プールを作ろうよ」

はっきりそう云ったのだ。声にはちからがなく、少ししゃがれてはいたが、きみの悪いほどはっきりとした云いかたであった。父親は泣くような表情で微笑した。

「そうだな、うんそうしよう」と彼は大きな声で云った、「なんでもきみの好きなようにするよ、やれやれ、これでようやくおさまったな」
子供の病気は峠を越したのだ。子供というものは生命力の強いものだからな、彼は明るい顔色になり、珍しいことに、鼻唄《はなうた》をうたいながら、七厘に火を焚きはじめた。

彼はニュームの牛乳沸しで、残飯の粥《かゆ》を作り、それを喰べさせようとして小屋へはいってみると、子供はもう冷たくなっていた。(前掲書、一七四〜一七五ページ)

✽とうちゃん

誠実で腕のいい職人の良太郎には五人の子どもがいた。太郎、次郎、花子、四郎、梅子。そして、妻のみさおは妊娠していた。長屋の人たちは、五人が良太郎の子どもではなく、それぞれ本当の父親がいて、その父親たちが「ある街」に住んでいることも、彼らが自分の子どもを判別していることも知っていた。

「だっても、みんなが云うんだ、ずっとまえっから、ぼくたちはみんなとうちゃんの子じゃない、ほんとのとうちゃんはべつにいるんだって」と次郎は云った。
「――ぼくだけじゃないんだよ、あんちゃんも花子も四郎も云われるんだよ」

父親はなだめるように笑った。

「人はいろいろなことを云うよ、とうちゃんのことだって、のろまでいくじなしって云ってるのを聞いたろう」良さんは喉で笑った、（前掲書、二七三〜二七四ページ）

（中略）

「けれど長屋の人たちはこんなことは知りゃしない、なんだのかんだのって、好き勝手なことを云ってるだろう、えー次郎」良さんは微笑をひろげた、「どうだいみんな、とうちゃんのことを信用するかい、それとも長屋の、なんにも知らない人たちの云うことを信用するかい」

「とうちゃんだ」と云って次郎が手をあげ、次に太郎、続いて四郎、花子が「とうちゃん」と云って手をあげた。梅子は話がよくのみこめなかったのだろう、みんなの顔を眺めまわしてから「あたいはねえちゃん」と云って花子を指さし、みんなが笑いだした。

「本当の親か、本当の子かなんてことはね、誰にもわかりゃしないんだよ」良太郎は仕事に戻りながら、いかにもやわらかに云った、「お互いにこれが自分のとうちゃんだ、これはおれの子だって、しんから底から思えればそれが本当の親子なのさ、もしもこんどまたそんなことを云う者がいたら、おまえたちのほうからきき返してごらん、――おまえはどうなんだって」

（前掲書、二七五〜二七六ページ）

✲がんもどき

かつ子は、父母に捨てられ、「ある街」に住む伯父夫婦に育てられている一五歳の娘である。実母からは「器量の悪さを踏みつぶしたがんもどき」と罵《ののし》られ、呑んだくれで怠け者の伯父と黙々と働く伯母のもとで、学校にも行かず内職に励んでいた。その伯母が入院したことで、睡眠時間を削る過酷な労働を強いられることになる。

さらに、伯母の留守をいいことに伯父に犯され、妊娠という絶望的な状況に追いこまれる。そして、あろうことか、かつ子は自分のことを気遣い、同情してくれている酒屋の店員である岡部少年を出刃包丁で刺してしまった。

「ぼく、わかんないんだけど」と少年はしんけんな口ぶりで囁《ささや》くようにきいた、「どうしてかっちゃんあんなことしたの、ねえ、どうしてなの」

かつ子はまた少年を見あげ、その眼をまた伏せながら、死んでしまうつもりだったと答えた。

「死ぬ気だったって、かっちゃんがかい」

かつ子は頷いた。岡部少年は首をかしげた。

「わかんないじゃないか、自分で死ぬ気で、それでぼくにあんなことをするなんて、どうしてさ」

かつ子はじっと考えてから、うまく云えない、と云った。いま考えてみると自分でもよくわからない、と云った。ただ死んでしまいたいと思ったとき、あんたに忘れられてしまうのがこわかった、自分が死んだあと、すぐに忘れられてしまうだろうと思うと、こわくてこわくてたまらなくなった、本当にこわくってたまらなくなったのだ、と云った。（前掲書、三一八～三一九ページ）

ちょっと長い寄り道になってしまった。フィクションとはいえ、親子ゆえの妄信や盲従、思い違い、はたまた血のつながらない家族の残酷さがリアルに描かれている作品である。現代であれば、ネグレクトやヤングケアラーとして社会的養護につながるケースかもしれない。

実際、拙著『「困った生徒」の物語』に登場する生徒たちの家族や家庭も、この小説と同じような状況、あるいはそれ以上に深刻な状況にあった。本当に残酷な真実は、小説においても表現することができないのかもしれない。

「貧困」や「孤立」の広がる社会のなかでは、すぐ身近にいる子どもたちも「ある街」の住人の一人かもしれない。そう思うことさえできれば、子どもたちを見るときの眼差しや接する態度が違ってくるかもしれない。

さらに近年では、この小説にも描かれていない虐待死や虐待経験のある子どもの増加が大きな社会問題となっている。二〇二三（令和五）年度の子ども家庭庁の調査では、児童養護施設に入所している子どもの約七一・七パーセントが「虐待を受けた経験がある」と報告されている。

このように、子どもたちが置かれている状況は想像をはるかに超え、厳しさを増している。困難を抱えた子どもたちの言葉にならない言葉や思いをどのように拾いあげ、受け止め、寄り添っていけばいいのか。そのためには、子どもたちが言葉で自分を伝えられるようにすること、それに尽きるのではないだろうか。そのことが、今の社会や教育に求められているように思えてならない。

なぜなら、人の身体が食べたものでつくられているように、子どもの心は大人が与えた言葉でつくられ、子どもの未来は自らが発した言葉でつくられていくからである。

【コラム】社会的養護

社会的養護とは、支援を必要とする子どもや家庭を社会的に支える仕組みのことであり、虐待や経済的な理由により、保護者のもとで暮らせない子どもたちを公的に養育することである。社会的養護の形態は、主に「施設養護」と「家庭養護」の二つに分類される。「施設養護」は、施設のなかで子どもを養育する方法で、児童養護施設、乳児院、母子生活支援施設、情緒障害児短期治療施設、児童自立支援施設、グループホーム（家庭的養護）などがある。一方、「家庭養護」は、養育が必要な子どもを家庭に迎え入れて育てる方法で、里親制度、ファミリーホーム、特別養子縁組などがある。

寄り道ついでに、これから本書で描く物語の舞台となる「社会的養護」（コラム参照）の施設に立ち寄ってもらおう。

本書の執筆中に、「施設養護」の一つである児童自立支援施設の敷地に併設されている小さな学校を訪れた。この学校は「小学部」と「中学部」に分かれていたが、校長先生の話が、奇しくも本書の主人公の担任教師であった草淳子先生の言葉に重なる。

本校には、非行や問題行動を繰り返し、通常の小学校や中学校には通えなくなった子どもたちが家庭や地域から切り離されて、隣にある児童自立支援施設から通ってきます。家族や仲間の影響を受けない環境に置かれています。

うちの学校では、子どもたちの気持ちをしっかりと聞き取ることを何よりも大切にしています。心に湧きあがるモヤモヤとした思いを言葉にすることです。

子どもがイライラしたり、不安になったり、自分の気持ちを聞いてもらいたくなれば、いつでも先生が話を聞けるような体制を整えています。授業中であっても、子どもが挙手すれば、いつでも授業を中断して廊下で話を聞きます。そのため、廊下には予備の教員が待機しており、その教員が授業を交代します。

多くの子どもが、自分の気持ちをうまく伝えることができずに、自暴自棄になって暴力や非行に走っているのではないでしょうか。そして、親や先生や支援者など、周りにいる大人たちも本当の子どもの気持ちや思いを理解することもなく、大人の思いこみや良かれと思う気持ちから助言や指導を行っている場合が多いのかもしれません。

もちろん、子どもの思いや行動をすべて容認するということではなく、一人ひとりに寄り添い、それを言葉にしながら、どうすればいいのかを一緒に考えていく過程が重要だと思います。

長い前置きになってしまった。あえて本書のテーマとなっている社会的な背景にスポットを当ててみたわけだが、多少なりとも興味をもっていただけたであろうか。

小説『季節のない街』では、東側にある「繁華街」と西側にある「ある街」は、境界となるどぶ川で区切られていた。どぶ川を飛び越えて六ちゃんが「ある街」に入っても、その住人たちは六ちゃんを見ようとはしない。同じように「繁華街」の住人たちも、川向こうの「ある街」は別世界であり、現実には存在しないものとしていた。

六ちゃんだけが架空の市電を走らせて境界となっているどぶ川を越え、それぞれの別世界を行ったり来たりしているわけである。そのことについて作者は、私たち誰もが経験していることとして次のように述べている。

かれらには六ちゃんが見えないのだ。ちょうどどぶ川の東側の人たちにとって、ここの住人たちが別世界のもの、現実には存在しないもの、という考えかたと同じ意味が、ここの人たちの場合にもあてはまるのだろう。——これはしいてなにかを暗示しようとするのではなく、われわれが日常つねに経験していることである。雑踏する街上において、劇場、映画館、諸会社の事務室において、人は自分と具体的なかかわりをもったとき初めて、その相手の存在を認めるのであって、それ以外のときはそこにどれほど多数の人間がいようとも、お互いが別世界のものであり、現実には存在しないのと同然なのである。（前掲書、二七～二八ページ）

本書の背景となるのは社会的養護の世界である。それは、一般の人からすれば別世界となる。とはいえ、そのような別世界が現実に存在し、「貧困」と「孤立」が広がる社会では、虐待などによる困難を抱えた「家がしんどい」子どもたちが、不安や恐怖に怯えながら、家庭や学校などの現実社会と社会的養護の別世界との境界を行ったり来たりと彷徨っている。

読者のみなさんが、六ちゃんのようにこの物語の主人公とともにその境界を飛び越えて、別世界とのかかわりをもち、その存在や実態を少しでも知ってもらえればうれしい。

それでは、いよいよ物語の主人公である「不思議な男」に登場してもらおう。その男の名前は「齊藤大作」という。仲間たちはみな、敬愛を込めて「大作」と呼んでいる。大作の「自分史（大作物語）」を通して、彼の失敗や挫折、そして夢への挑戦を知ってもらい、困難を抱えた子どもたちがどうすれば「言葉で自分を伝え」られるのか、それをみなさんと追体験していきたい。

第1章の「大作物語」は、自分史に綴られた波乱万丈の出来事を「物語」として時系列にまとめたものである。定時制高校で言葉や差別に出合った自らの体験を、児童養護施設に暮らす子どもたちにどのように伝えようとしたのか、その悪戦苦闘の様子が描かれている。困難な課題を抱えた子どもたちの対応に窮している学校の教員や支援者には、大いに参考になるだろう。

第2章の「心の問答」では、第1章の出来事をもとにして、対話形式で大作の心の揺らぎを深堀していく。主人公の大作は、大人たちに何を伝えたかったのか。彼の本音を引き出す形で、答えの見えない現代の教育問題や家族問題に切りこんでいく。

第3章の「大作の輪」では、大作と出会った定時制高校の教員たちの生《なま》の声を拾いあげた。大作の生き様から何を感じ、何を学び、そして学校教育に対してどのような疑問をもったのか。それぞれのエピソードから、大作の知られざる魅力に迫っていく。

それでは、「大作物語」の幕を開けさせていただこう。幕が下りたとき、「なんだか、大作と六ちゃんは似ているなあー」と感じていただけたら望外の喜びである。

第1章　大作物語（齊藤大作）

1　自分を振り返る

過去を振り返ることのできない自分がいた。ケンカの仕返しに定時制高校に行ったのが運の尽き、ではなく、それがはじまりとなった。定時制高校に入学後、部落問題研究部に出入りするようになった。そこでさまざまな人と出会い、我が身を振り返り、過去の整理ができるようになった。そして、定時制高校の先生方とともに「自分史づくり（自分を見つめる）」という作業を体験することになった。

これからはじまる物語は、かつて自分史としてまとめた「過去を振り返って」と「やさしくなれた自分」という二つの原稿をもとにして、今回の執筆において加筆、修正したものである。

✽はじまりは少年野球のいじめ

自分が生まれたのは横浜である。幼少のころから東京杉並区で育ち、小学校のときにいじめに遭った。

小学校三年生のときに少年野球のチームに入ったが、そこが結構強いチームで、練習が厳しいだけではなく保護者の力も強かった。小学五年生の終わりに、区大会、都大会と勝ちあがり、六年生の夏休みに関東大会に出て決勝戦で負けてしまった。そのときの「最後のバッター」が自分であった。

その場面で「見逃し三振」をしたのが原因で、いじめを受けるようになった。自分としても、「やってしまった……」とかなり落ちこんでしまった。

遠征先から翌日に帰宅するまでの間、保護者からのぼやきが聞こえ、子どもたちからは「お前のせいで負けた」みたいなことを言われ、無視されるようになった。

「やってしまったなあ……」、「ほんとに悪いことをしてしまったなあ……」、「みんなが怒ってもしょうがないかなあ……」などと、自分を責めることばかりが頭を駆けめぐり、ただひたすら「早く家に帰りたい」と思っていた。

帰宅してから、三振したことは親に言ったが、いじめを受けたことは言わなかった。

翌日から全国大会へ向けて練習がはじまり、最初の二、三日は参加したが、保護者の愚痴が聞こえてきたり、

全国大会を目指していた少年野球のチーム

キャッチボールすらしてくれる友達がいなくなったので練習に行かなくなった。これがきっかけとなり、六年生の二学期から不登校になった。

いじめに遭っていたときは、何の仕返しもできなくて、やられるがままであった。みんなからすればそれが楽しいのか、徐々にいじめがひどくなっていった。

たまに学校に行き、いじめをしていたやつに会っても、やはり何もできないままいじめに遭っていた。いじめのなかで一番嫌だったのが、みんなから「しかと」されることだった。「しかと」されるより、殴られて、かまってくれたほうがよいと思っていた。

こんなことを考えながら一人でいると精神的に疲れて、たまに「死にたいなあー」と思ったこともあった。

「自分史」の振り返りで分かったことであるが、おふくろが言うには、小さいころから、「すごくのんびりやさん」だったようだ。朝起きてもぐずぐずしていて、学校に向かっても、なかなか学校までたどり着かなかったという。そして、宿題やプリントを忘れても、気にすることもなくのんびりしていたらしい。

一歳のころから病気がちだった自分を見て親は、「元気なら、のんびりぐらいでちょうどよい」と思っていたようだ。そんな自分が小学校の三年生から少年野球のチームに入って、練習に励み、活発になり、親は安心したようだ。それだけに、野球がきっかけでいじめられるようになるとは思ってもいなかったそうだ。不登校になったころの自分について、おふくろが次のように話してくれた。

大（大作）は道が歩けなくなったのよ。悪いことしてないから堂々としなさいって言っても、歩けなかったじゃない。家にいても学校の鐘が聞こえてきて、「一時間目が終わった」、「三時間目がはじまった」と言って、その鐘が聞きたくなくて昼間は寝ていたでしょ。
玄関を開けたら、大がいて一人でぶつぶつ言っているので、「何しているの？」と聞いたら、「写真を見て、友達の顔を忘れないように名前を呼んでいるんだ」と言っている大の背中がショックだったのよ。私が仕事をしているので家にもいられないから、児童相談所に相談しに行ったんだよ。

こんな話を聞きながら、「そんなこともあったなあ」と昔のことを思い出した。おふくろに、「忘れないように手紙に書いて」と頼んだ。そのころのおふくろの気持ちが知りたくて、保育士の専門学校に通っていたときのことだが、「授業で出された宿題だ」と嘘をついて書いてもらったことがある。その手紙を読んだとき、また涙が出てきた。
少年野球には、自分よりも実力が上と思う子どもが四人ぐらいいた。四～五人でレギュラー争

いをしていたわけで、一軍なら六番で外野手、二軍ならエースで四番といった感じである。レギュラー争いをしていた子どもの保護者はものすごく積極的で、練習から応援に来たり、差し入れなどが多かったことを覚えている。

そんなこともあって自分は、心のどこかで、親がもっと野球の応援や寄付をしてくれていたら、レギュラーから外されなかったのかもしれないし、いじめにも遭わなかったんじゃないかと、親を恨んでいたような気がする。でも、この手紙を読んだとき、親は充分してくれていたし、しっかりと自分を見ていてくれた、と思った。

✿いじめられっ子から、いじめっ子への変身

中学校に入ったとき、また同じやつらにいじめられるんじゃないか、と心配になった。小学校の卒業式、中学校の入学式、両方とも参加できなかったので、このままではダメだと思った。そのとき、どうしたらいじめられないかを自分なりに真剣に考えなければならないと思い、「いじめられないようにするには、いじめるほうに回ればいいんだ」と心に決めた。そして、今まで自分のことをいじめていたやつらをいじめてやることにした。

とにかく必死だった。負けたらまたいじめられると思い、負けても、負けても何回でも勝つまでやった。このときから、自分に対する周りの見方が変わってきたと思っている。事実、いじめ

られないために不良グループにも入った。自分を強く見せたかったのだ。

中学一年生の一〇月五日、おふくろに、新宿にある一時保護所（児童相談所）のなかでもとくに厳しいところに連れていかれた。そこには、「悪さ」をしてきたやつらがいっぱいいた。そこから、教護院(1)や児童養護施設に送られることが多い。そのなかに入ったとき、「親に捨てられた」と思って、恨んでしまった。

周りにいっぱい悪いやつがいたので、いじめられないように、結構「いきがっていた」と思う。問題行動が多いため、反省生活(2)に何回も入れられることがあった。反省生活が終わったころに親が面会に来た。

ここに入ったときに、「親に捨てられた」と思っていたわけだが、親が「ここの生活は辛い？」と尋ねてきたので、ひと言「辛い」と答えると、涙が止まらなくなった。泣いてばかりで、何もしゃべれなくなったので、この日の面会はこれで終わってしまった。

一一月二八日、千葉県にある児童養護施設に送られた。毎日、日記を書いていたが、「僕はい

(1)　児童福祉施設の一つで、不良行為をなす、またはその恐れのある児童を入院させて教育保護する機関で、生活、学習、職業などの指導を行っている。現在は、「児童自立支援施設」と名称が変更されている。

(2)　「個別指導」ともいう。集団生活から離されて、個別に課題が与えられた生活を行う。集団生活のなかでは自由時間があり、テレビなども見られるが、反省生活の余暇時間は、体育館を走ったり、学習したり、壁に向かって正座をしたりしている。

つ東京に帰れるのか」と書いたとき、「中学校卒業までは帰れない」みたいなことを職員に書かれて、自分が置かれている現実を思い知った。

本来なら、施設に入ってから三か月間は親との面会ができないのに、東京にいる先輩が事件を起こしてしまい、その話をするために親が面会に来た。親の顔を見ると、急に東京が恋しくなった。ちょうどこのころから施設の先輩からいじめを受けるようになっていたので、このままだと昔みたいにまたひどいいじめに遭ってしまうと心配になり、しばらくしてから脱走した。

勝手に家に戻ってきたことを、親はとても心配した。姉に施設でのことを話したら少しすっきりして、また「頑張ろう」と思えるようになった。それから二、三日して、親と一緒に施設に戻った。

このころからである。いじめられるのは自分が弱いから、強くなればいじめられない、と思って体を鍛えるようにした。それ以後、「自分は強くなければいけない」とか「強くなければまたいじめられる」という強迫観念にとらわれるようになった。と同時に、友達をつくることがだんだんできなくなった。当然、施設はとてもつまらないところ、と思うようになった。

ある晩、施設を抜けだし、駄菓子屋の外にあるゲーム機械を壊して、その中にあったお金を盗んでしまった。施設に連絡が入り、先生に見つかってしまう。言うまでもなく、学園での居場所がなくなったので、再び脱走した。

東京に帰ったら、何と、親が引っ越しをしていた。そんなことは知らなかったので、どうしたらいいのか分からなくなり、とりあえず友達と遊んでいたら親が探しに来てくれた。そして、引っ越し先である千葉県浦安市の家に行った。

親が「施設に戻りたくないの？」と尋ねてきたので、「二度と戻りたくない」と答えた。すると、「ほかの施設の、もっと厳しいところになるよ」と言われた。どこにも行きたくなかったので、「勝手にすれば」と言って意地を張り、部屋を出ていった。

このままここにいると、どこかの施設に連れていかれそうなので、「家を出よう」と考え、姉には「施設に行きたくない」と話した。そうしたら、親父に、横浜の焼き鳥屋（親父と弟叔父がやっている店）に連れていかれた。その店を手伝っているときに、おふくろと姉がケンカをしながら話し合っていたようだ。

後日、姉から電話があって、「施設に行きたくなければ、ちゃんと親に話をして頭を下げな」と言われたので、千葉に帰ってから親と話し、泣きながら「施設には行きたくない」と言って頭を下げた。

それから数日後、杉並区荻窪にある児童相談所に親子三人で行き、そこの先生に相談をした。

親父は、「自分の子どもがどうなろうが、最後は自分で面倒を見なければならない。だから自分で見る」と言い、おふくろは「この子が頑張ると言って頼んできたことだから、聞いてあげたい」と言ってくれた。

それに対して児童相談所の先生は、頭ごなしに「だめだ」と言いながら、文句をいっぱい言っていた。そして最後に、「また問題を起こしたら、次は教護院（二九ページ参照）だよ」と釘を刺されたが、結局、施設には戻らずにすんだ。

✽転校と不登校

それからしばらくして、千葉県市川市の中学校に入った。入ったときはおとなしくしようと思って、悪くないやつらと話をしていた。しかし、悪いやつが来て、「おまえ、中学校三つ目なんだって」と言ってきた。

「そうだよ、いろいろあって転校してきたの」と言ったら、「おまえ、生意気だな」と言われた。むかついたけど、おとなしくしたかったので「ごめん」と、このときは謝った。

二、三日後、廊下を歩いていたら、変なやつが自分の足を引っかけてきた。

「あぶねなあー！」と言ったら、「バーカ、何があぶねえなだよ、文句なんか言ってんじゃねえよ」と言われた。幸いにも、そのとき一緒にいたやつが「かかわらないで行こう」と言ったので相手にしなかった。

しかし、次の休み時間、足を引っかけたやつがまた来て、「さっきの態度はなんなんだよ」とケンカを売ってきた。このときは、我慢ができずにケンカになってしまった。これがきっかけで、仲良くなっていた普通の友達が離れていくようになった。

「また、やっちゃったなあー」と思いながら、学校に行かなくなった。

「東京の最初の中学校なら行ける？」と、親が尋ねてきた。

「行ける！　そこなら最初の友達がいるから、そこがいい」と親にお願いをした。

そういうわけで、東京の杉並区に親父とアパートを借りて、そこから学校に通うようになった。当然、親父もそこから横浜の店に通うことになった。親父は店が終わってから帰って来るので夜中になる。それまでの間は姉と一緒にいた。

友達への接し方が分からず、たまには強がったり、気を遣ったりしていたつもりであるが、ほかのやつらは、自分が施設にいたことが理由でかかわらなくなっていた。それは、先生たちも同じであった。それをいいことに、学校にいる間は「自分が一番だ」と思い、やりたい放題であった。

生活費として親父からもらっていたのは、一週間に三万円ぐらいである。中学生としては十分なお金だが、その金をすぐ使ってしまうので毎日が大変だった。

あるとき、アパートの隣にある家具屋の職人から、「おまえ、遊んでいるなら、うちに働きに来い」と言われた。その職人は、自分が中学生だとは知らなくて、「おまえ、中学生なのかあ」

と驚いていたが、どういうわけか働かせてくれた。そのことを学校の先生たちに伝えると、「学校に来て悪さをするよりも、仕事をして、充実したほうがいいかもなあ」と言われたので、仕事を続けることにした。

自分が学校にいないときに、ほかの学校のやつがケンカを仕掛けてきた。自分がそこにいなくても、ほかのやつからケンカを売られると、それも自分のせいにされた。次第に自分の知らないやつからもケンカを売られることが多くなり、そのたびにケンカをしていた。

ある日、千葉の実家に友達と遊びに行ったとき、姉のバイクを友達と一緒に乗り回していたら、警察に捕まってしまった。これが理由で、その日の夜、おふくろと大ゲンカになった。

おふくろが湯飲みを投げてきた。おふくろは「自分にあたらないように投げた」と言っていたが、反射的にそれをよけた自分は、おふくろを殴り、蹴ってしまった。おふくろはそのまま失神して、救急車で運ばれていった。

親父が帰ってきたら、今度は親父とケンカになった。その最中に警察官が家に来て、「家庭内暴力はいつからか？」といろいろと聞いてき

やんちゃ盛りの大作

た。病院に行ったおふくろと警察官が電話で話し、おふくろが「この子のことを訴える気はないので、大丈夫です」と答えたようで、警察官は帰っていった。

それからしばらくして、友達が自分のアパートに忍びこんでファミコンを盗んでいった。それを知った自分は、友達とケンカになってしまった。こんなことばかりを繰り返しているうちに、とうとう独りぼっちになってしまった。ほかのやつと友達になろうとしても、相手のほうが怖がるし、どうしたらいいのか分からなくて、気付いたら友達が誰もいなくなっていた。

中学校の卒業式の日、腸閉塞で入院していた親父がパジャマ姿で来てくれた。いろいろあったけれど、何とか中学校は卒業することができた。卒業式の最後、親父とおふくろ、そして担任と生活指導の先生、四人ともが泣いていた姿を覚えている。

✻青春の蹉跌

中学を卒業してから、仕事（家具屋）に関しては頑張っていたつもりだが、友人とのいざこざがあって、東京にいることが嫌になった。それで、東京のアパートを引き払い、親父が働いている横浜にアパートを借り、親父と二人で住むことにした。

横浜ではさまざまな仕事をしたが、結局、落ち着いた先は「とび職」である。朝、駅に迎えが来て、現場に行くという日が続いた。その現場で、親方から「おまえ頑張っているから住みこみでやるか」と言われたので、住みこみで働くようになった。

住みこみ先に行ったら、そこは飯場で、びっくりした。飯場では、夜、寝ると一升瓶が割れる音がするので、またケンカがはじまったと思って、正直とても怖かった。そういえば、みんな寝るときには、「何かあっちゃいけない」と、枕元に護身用の「シノ」（工具の一種）を置いて寝ていた。

一八歳になって、合宿で車の免許を取るために茨城へ行った。そのとき、スナックで働いていた女の子と付き合うようになった。横浜でも友達ができなかっただけに、茨城のほうが楽しいと思って、友部町（現・笠間市）でその女の子と同棲をするようになった。しかし、そこでは仕事がなく、しばらくしてから岩瀬町（現・桜川市）に引っ越して「とび職」をすることになった。

ある日、現場で仲がよかったやつが、鉄骨の上から落ちて首の骨を折った。それを見て、「とび職」を辞めようと思い、親がいる千葉に引っ越して、そこで二人で住むことにした。親とは仲良くして、みんなで住みたいと思った。

これまで、家族がバラバラだったことには自分にも責任があると思い、

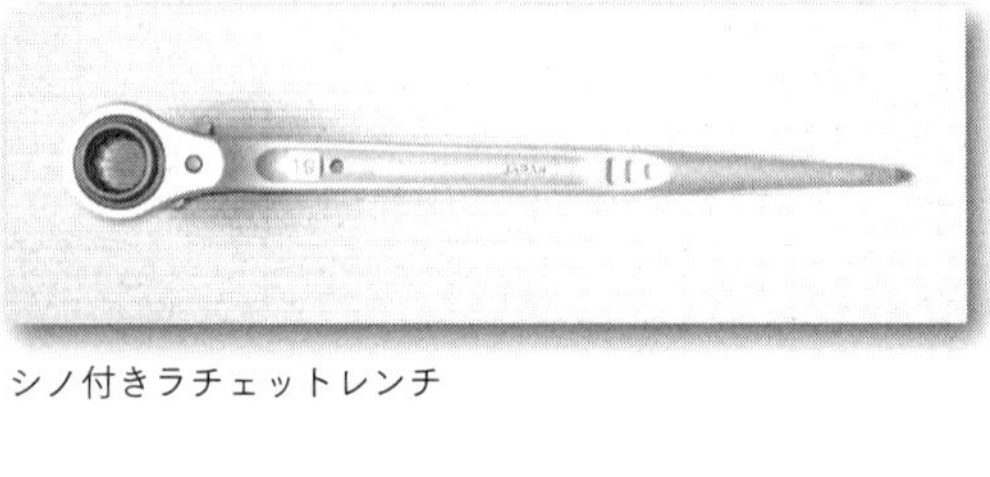

シノ付きラチェットレンチ

実家の近くにアパートを借りた。さすがに「とび職」はしたくなかったので、以前にやっていた家具屋で働こうと思ったが、家賃は七万円、手取り給料が一二万円では苦しいと思って諦めた。

仕方なく、また「とび職」をやることにした。しばらくして、親戚の紹介で東京都足立区にある土木会社で働くようになった。足立区に来てから、親に内緒で結婚もしている。後日、「結婚をした」と言ったら、親から怒られた。

結婚生活は結構楽しかったが、嫁さんの親がよくお金を借りに来るようになった。最初のころは「少しなら」と思って貸していたが、だんだん金額が多くなってきたので断ったら、嫁さんが、「お金を貸さないと、親父がまた刺されて帰って来ちゃうよ」と泣きついてきた。

義父は、昔、反社会的勢力である「やくざ」をしていたので、嫁さんの小さいころ、たまに刺されて帰ってきたことがあったらしい。そのため嫁さんは、「親父にお金を貸す」と言ってきかなかった。もちろん、自分は嫁さんが好きだったので、お金を貸すことにした。ただ、それ以外にも、自分が知らないところでお金を貸したり、自分の給料袋ごと貸すというケースが多くなってきた。

自分が思い描いていた結婚生活は、給料袋をそのまま嫁さんに渡して、そこから小遣いをもらうというものであったが、その給料袋をそのまま義父に渡してしまうので、そのたびに金融会社からお金を借りるという生活になった。

そして、気付いたら借金の総額が四五〇万円になっていた。これが理由で嫁さんも夜に仕事をするようになったが、働く時間帯が違うため、「すれ違い」の生活となった。たまに顔を合わすとケンカばかりしていたので、お互いの休みの日にどこかに出掛けて気晴らしをするように努めたが、最後はお金のことでケンカになっていた。

自分、嫁さんともに、仕事をして稼いでも借金ですぐにお金がなくなってしまうので、嫌になって仕事も休みがちになっていった。こういう生活は嫌だった。このまま一緒にいたら二人ともダメになると思い、親戚の人に相談したら、「お前が好きで結婚したんだから、別れるときも自分で決めろ」と言われた。さらに、「借金のことはお前がちゃんと筋を通せ」とも言われた。

それで、自分で考え、借金のことは弁護士に相談し、結局、任意整理をしてもらった。月々の支払いを少しでも少なくして、二人で何とかやっていこうとしたが、生活が変わることはなく、ケンカばかりが続いた。結局は、別れることになってしまった。

「お前の名前の借金も全部俺が返す。『お金を貸してあげて』と言ったのはお前だけれど、貸すと決めたのは俺だから、俺が返すよ」と言って、親に内緒で離婚をした。後日、親が親戚から離婚したことを知り、また怒られてしまった。

「借金とか、いろいろあるなら実家に帰っておいで」と親は言っていたが、「親に内緒で勝手に結婚して、離婚して、今度は借金があるから、じゃあ戻ります」というのがとても嫌だったので、実家には戻らなかった。

離婚してからは、当然、一人で借金の返済をしなければならない。そこで、土木会社を辞めて、少しでもお金のいい「とび職」を再びすることにした。しかし、一〇か月ほどしたとき、前職の土木会社の社長から呼びだされ、「不渡りをくらって給料が遅れ、職人が辞めてしまった」という話を聞いた。世話になっていただけに、その会社に戻ることにした。

土木会社に戻ったとき、一六歳になるやつが二人いた。若い奴とバリバリやって、仕事は楽しかったが、給料はもらえなかった。以前、働いていたときの義理があったので、給料がなくても何とか働いていたが、若いやつの一人が辞めてしまった。

アパートを借りていたので、家賃が払えないと出ていかなければならない。そんなとき、親戚の人が、「お前が義理を感じて働くのだったら、うちに来て、そ

とび職に励む大作

こから通えばいい」と言ってくれたので、住んでいたアパートの部屋のクロスを自分で張り替え、溜まっていた家賃は事前に納めていた敷金で払い、親戚の家に居候をすることにした。

その後も、やはり給料は全然もらえなかった。仕事をしてもお金がもらえないので、やる気が起きなくて休む日が多くなっていった。実は、現場で社長とケンカをして一度辞めているが、若いやつを一人残していたのですぐに戻っている。

✽そして、定時制高校へ

ちょうどそのころ、社長の子どもと数名の友達が、通っている定時制高校の生徒から暴力を受けた。一人の生徒から数人が正座をさせられ、木刀とかで殴られたうえに金の要求があったと聞いたので、「自分がカタキを取ってやる」と息巻いていたところに、定時制高校の先生が社長の家に謝りにやって来た。

そのとき、「こいつらのボディーガードとして学校に入れろ」、「俺でも高校に入れる？」と尋ねたら、「入れるよ」とその先生が教えてくれた。

次の日、暴力を振るった生徒が学校に来ると聞いていたので、学校に乗りこんで、そいつに話をつけるつもりでいた。でも、学校に行ったらその生徒はいなくて、先生と殴られた生徒の親たちとの話し合いになった。

その話し合いに参加できない自分が学校内をウロウロしていたら、昨日話をした先生から「飯まだだろ。一緒に給食を食べよう」と言われて、給食を食べた。

親たちの話し合いが終わって帰るとき、その先生に、「本当に高校に入れるの？ 自分は字も書けないよ」と聞いたら、「大丈夫だよ、入れるよ。お前みたいな作業服を着て、字が書けない人が定時制高校に来ているんだよ」という答えであった。

このころの自分は、仕事では現場を任されるようになっていたが、字が書けないのがずっと嫌だった。漢字とかローマ字を教えてくれていたのが前の嫁さんだったので、別れてからは教えてくれる人がいなくて困っていた。

ある日、とび職の親方が、「夜間中学に行ってみれば」と言っていたので電話をしたが、中学校を卒業していたので入れず、次に学習塾に電話をしたら、「二〇歳のクラスはない」とか「月謝は三万円だ」とかと言われ、借金もあったので、結局、諦めてしまっていた。そんなことがあっただけに、「高校に入れたらいいなあ」とは思っていた。

仕事からの帰りに学校に電話をして、入試のある日を聞いて試験を受け、何とか高校に入ることになった。仕事はというと、相変わらず給料はもらえなかった。社長にしても、まったく払う気がなかったと思う。それで「もうだめだ」と思い、若いやつと一緒に会社を辞めることにした。

会社を辞めてから聞いた話だが、社長は息子の友達を居酒屋に連れていったり、朝からパチンコをしているということであった。給料がもらえなくても、「死んだわけではないから、義理を返せばいいや」とは思っていたが、居候でご飯が食べられる自分はいいが、若いやつは会社の寮なので飯が食えないことを知っていた。そいつを誘わないで、ほかの若いやつに飯を食わせていることが気に入らなくて腹が立った。

そこで、今まで未払いになっている給料を取り戻そうと思い立ち、学校の先生に相談した。未払い金の総額は二五〇万円ほどであったが、結局、もらえたのは五〇万円だけである。そのお金で、またアパートを借りることにした。

✻部落研での出会い

学校生活はというと、勉強よりも柔道のほうが楽しくなっていった。柔道部に後輩たち四、五人が入ってきて、そのうちの数名が同じ「とび」の会社に入ってくれた。一人は経験者でかなり柔道が上手であった。定時制の柔道大会は、一年の間に都大会が三回、全国大会が一回ある。都大会の団体戦は上位に入るものの優勝できなかったが、四年生のときに団体戦ではすべて優勝することができ、全国大会の団体戦の選手にも選ばれた。

定時制の柔道部で活躍する大作

残念ながら、個人では優勝できなくて、全国大会の個人戦には出れなかった。

稽古が終わると、先生たちと一緒にご飯を食べに行って朝まで話をした。行きつけの店の亭主が児童養護施設の出身だったこともあり、よくサービスをしてくれた。

そのころの自分は、買い物に行ったとき、ネギが袋から出ているとかっこ悪いと思ってネギを折って袋の中に突っこんでいた。それは買い物をしている姿を見られるのが恥ずかしいと思っていたからであり、わざわざ遠くのスーパーまで買物に行っていた。この話をすると、柔道の先生たちは笑いながら馬鹿にしていたが、亭主は「その気持ち分かるよ～」と理解してくれて、帰り際に「お土産だ」と言って簡単な弁当のようなものを持たせてくれた。

そんな日々だったので、最初は字が書けないから高校で勉強しようと思っていたのだが、相変わらず、勉強はできないままだった。

ある日のこと、学校に被差別部落出身の人が講演に来た。小さいころよく親父が、「うちの部落はどうたらこうたら……」という話をしていたことを思い出した。先生たちに尋ねたら、「一度親に聞いてみたら」と言われたので親に尋ねた。そして、「かつて横浜で世話になっていた人から、ここは差別されていない部落だと言われた」みたいな話を先生にしたとき、ちょうど同じクラスの生徒が部落研に誘われていたこともあって、「俺も行っていいかなあ」と尋ねると、「いいぞ」と言ってくれたので、それから部落研に出入りするようになった。

最初のころは部落のことはまったく分からないし、横で聞いていると、いじめられたやつらが集まって、いじめられたときのことを話しているという、「弱いもんの仲良しこよし」にしか思えなかった。それでも、部落研には毎回顔を出すようになった。

部落研のことを、家に帰ってから親戚の人に話した。親戚の人から、「中途半端にそういうことを覚えると、逆にお前が差別するようになってしまうぞ」と言われたが、確かに「そうだなあ」と思った。

そのころはとび職の仕事をしていたが、建築現場のなかにはいろいろな差別があり、そのなかで生活をしていた自分も、知らず知らずのうちに差別をする人間になっていたように思う。

部落研で聞いた話を親方たちにすると、聞いた話とは反対の話が返ってきた。たとえば、部落差別の話をすると、「お前、知ってるのか。○○同盟だとか何とか言って、電話があり、本を一〇万で買えとか、二〇万で買えとか電話してくるんだぞ。それはもう、やくざみたいな口調で大変だぞ」とよく言われた。

この話を学校ですると、今度は先生たちから「それは違う！」と怒られた。

このような感じで学校や親方との間にいた自分は、親方たちの話も分かるし、先生たちの話も分かるという、どっちつかずの状態であった。ただ、部落の人たちが周りから白い目で見られていたこと、反発してグレてしまったこと、貧乏な人が多いことなど、自分に重なるところが何となくあり、沖縄や在日の職人さんたちのことが気になるようになっていった。

　そのようなとき（二年生の終わりころ）、福岡県の被差別部落出身の人が講演に来た。講演の内容はあまり覚えていないが、講演が終わったあと、参加者と顧問の先生たち、そして講演者とともに、学校の近くにある焼き肉屋で交流会（部落研の発表会のようなもの）を行ったことはよく覚えている。

　このとき、自分は顧問の先生とケンカになったのだが、講演者は黙ってケンカを見ていた。しばらくして、先生との話は自分の親のことになっていた。

　前にも書いたが、自分は小学生、中学生のころ、施設や親戚の家に預けられていたことがある。とくに、施設に預けられていたときには、「親に捨てられた」と思っていた。いじめられているときは、親が心配するので、家にいるよりも親戚の家や週末だけ家に帰る施設のほうがまだよかった。しかし、グレて悪くなってから入った施設は厳しく、そこに連れていかれるときは「騙された」と思っていたので、親を恨むこともあった。

　でも、おふくろが施設や一時保護所に面会に来たときや手紙をもらったときにはよく泣いていた。それに、親に内緒で結婚したり、離婚したり、ずっと親に意地を張ったりと、反抗してきたのも事実である。

　顧問の先生とのケンカのなかでも、親のことについては、意地を張りながら話していた。そんなとき、それまで黙って聞いていた講演者から、「大作は、何が引っかかっているんだ？」と言われた。

ケンカで興奮し、ただ顧問の先生に反抗していただけであったが、講演者の言葉に興奮しながらも浮かんできたのは、おふくろを殴り、蹴ってしまったときの痙攣したおふくろの姿だった。そして、気が付くとそのときの話をしていた。話をしながら、なぜか涙が出てきた。

そのときは、謝れずにいたことが悔しくて出てきた涙だと思っていた。しかし、よく考えれば、小学生のころにいじめられて、そのことを親に話せない自分、施設に入るときの親への思い、施設のなかのことを親に話せなかった自分、離婚して借金があり、親が「帰ってこい」と言っていたにもかかわらず意地を張って帰らなかったことなど、親に対するさまざまな思いがあったのではないかと今は思っている。

昔から、その場、その場で「助けて」みたいな気持ちを親に対してもっていたが、それが言葉にならず、いつも意地を張り、気持ちとは正反対の行動をとっていたように思える。親に対して意地を張るという姿が、体にしみ込んでいたのだろう。そして、親だけでなく、周りの人すべてに対して、上辺だけの付き合いをしていたような気がする。

まるで頭の中を覗かれたように講演者から親のことを言われたので、意地を張っていた自分に気付き、涙が出てきたのだと思う。

親に反抗したり、心の中で助けを求めている自分のことを誰にも話したことがなかった。交流会のとき、少しだが言葉で自分のことを分かってもらえるような話ができたのも、講演者や顧問の先生に「助けてほしい」といった気持ちが心のどこかにあったからかもしれない。

いずれにせよ、講演者との話がきっかけで過去を振り返ることができたし、親に暴力を振るったことについて、心から謝ることができた。

この交流会がきっかけとなり、かつて自分が入った施設に行き、担当してくれた先生と話をすることができた。このとき、自分がいたときと、今の施設に入っている子どもたちとの違いについて先生から話を聞いている。「今、施設に入ってくる子どもたちの多くは虐待されて来ている」という話を聞いて、少しショックを受けた。

先生が「施設のなかを回ろう」と言うので歩いていると、風邪を引いて学校を休んでいた少年の姿が目に入った。先生が、「覚えているか？　大作がいたときはまだ幼児だった○○だよ」と話しかけてきた。

何となくしか覚えていなかった。その少年を見たとき、決してケンカが強そうではない少年なのに……「自分は嫌で、すぐ逃げだした施設に何年もいるこいつは凄い、強い！」と思ってしまった。自分にとって、「差別問題から逃げない場所、忘れない場所」はここなのかもしれない。おこがましくも、虐待された子どもに何か元気を与えられるのではないかと思ってしまった。

このとき、保育士に関する専門学校の話を先生から聞いている。そして、そこに入ろうと思いはじめた。字が書けなくて定時制高校に入った自分である。先生になるなんて絶対に無理だと思っていたが、そんな自分が先生を目指そうとしている。不思議な感じがするが、こうやって振り返ってみると、部落出身の講演者と話したときの涙は、人生が大きく変わるきっかけになったと思っている。

実は、自分の人生を変えた大きなきっかけがもう一つある。アルファベットの書けなかった自分が最初に書いた文章、パソコンを使って半年かけてつくった「自分史」である。「大作の課題はアルファベットの練習だ」と言って、定時制の先生たちは授業中にパソコンで自分史を書くことを許してくれた。こうして自分は言葉を覚え、文章をつくることができるようになり、それによって、友だちのできなかった自分が仲間の輪を広げられるようになった。

✽そして、専門学校へ

在学中はとび職の世界にいて、一人前の職人という自負もあり、自分の会社をもつことを夢にしていた。でも、部落研のなかで、「このまま卒業して、職人の世界にいることが本当にやりたいことなのか」と考えるようになった。さらに、「自分自身が差別を忘れない人間になりたい」と思うようになった。そして、過去を振り返って、施設の職員を目指すことが「差別を忘れない人間」につながるのではないかとも思うようになった。

それに、「だめならいつでも職人に戻れる」という根拠のない自信もあった。それだけの技術や経験をもっていると自負していたからである。このような背景もあり、保育士になることが夢の一つになっていった。

定時制高校を卒業して、二五歳のときに専門学校の「保育士科」（夜間）に入学した。今まで話したことのない人や、学生生活のすべてが新鮮で、世の中には「こんな世界があるんだ」と思い、とても楽しかった。勉強の面ではできないことばかりであったが、周りの人たちの助けもあって、何とか卒業している。

専門学校に入って困ったのが柔道の練習場所だった。最初は母校である定時制高校の練習に参加していたが、専門学校が終わってから母校に通うと練習時間が短くなる。そこで、近くにある通信制高校の柔道の先生に頼み、専門学校で知り合った友人を誘って練習に行かせてもらうことにした。

二年生になり、「保育士は子どもを守るために柔道を覚えたほうがよい」と言って後輩たちを誘い、初心者が一〇名ぐらい入って練習をするようになった。部員が増えたこともあり、専門学校の校長から施設内にある柔道場の使用許可が下りた。さらに、定時制でお世話になった柔道の先生方が、「大作のためなら」とわざわざ教えに来てくれるようになった。

そして何より、この専門学校で妻と出会ったことが人生における最大の収穫になったことも記しておきたい。

こうして、定時制高校のときの柔道という絆によって人と人がつながり、二〇数年経った今でも、定時制通信制高校の全国大会の手伝いに参加してくれる仲間たちがたくさんいる。

✻そして、福岡へ

専門学校を卒業した年、全国同和教育研究協議会の大阪大会に行き、福岡県にある児童養護施設の発表を聞いた。その内容をひと言で表すと、「施設出身ということに胸を張って生きてほしい」というものであった。

施設出身の子どもが「胸を張って生きる」というのは、どのようなことなのだろうか？　自分自身も

専門学校で妻に出会う

実習先の保育所に添付していた写真

施設に入所した経験があるため、保育士を目指してきた。そして、「胸を張って生きている」と自分では思っているが、親はそうではなかった。

保育士を目指している自分のことを応援してくれてはいるが、目指している理由の一つとなっている「施設に入所していた話」になると下を向き、今でも施設に入れたことを悔やんでいることが分かる。それだけに、自分が施設の職員になり、頑張っている姿を見せることが大事なのではないかと考えるようになった。幸いにも、大阪大会で発表していた施設の職員から、「うちの施設で働かないか？」と誘われた。

当初は、自分が入所していた施設で働くことを夢にしていたが、その施設では男性職員の募集がなかった。恩師からは「違う施設で経験を積んでからうちで働くのもよいかもしれない」と言われていたが、親のこと、そして交際していた相手のことが理由でなかなか「福岡に行く」という決心がつかなかった。

ある日、部落研の顧問の先生に呼ばれ、今後どうするかについて話し合った。そのときに顧問は、「大作は東京にいないほうがいいと思う。その理由は、柔道関係者や職人の人たちなどの付き合いがあり、それが逃げ道になるかもしれないからだ。福岡に行け！」と言って、背中を押してくれた。

言われたことは、自分でも感じていることであった。幸いにも、交際相手が「結婚して、福岡に一緒に行く」と言ってくれたことや、知らない土地で勝負してみるのもいいかもしれない、それに、自分みたいな保育士を雇ってくれるところはそうないだろうと思い、福岡に行くことを決めた。とはいえ、すぐ行動に移すだけの決心がつかず、結局、一年待ってもらうことになった。この一年で、自分自身の整理をつけたかったからである。

その当時働いていたとび職の親方には、自分が借金を返していたこともあって、ご飯を食べさせてもらったり、専門学校に通う際には勤務時間の面でお世話になっていたこともあって、お礼奉公をしたいという強い思いがあった。実際、とび職からの引き留めも強かった。

さらに、結婚をしてから半年で子どもができたが、すぐに流産してしまった。その後、数か月してまた子どもができたが、子宮外妊娠となって女房が手術をして、再びこの手で我が子を抱くことができなかった。これが理由で女房が不安定な精神状態となり、このような状況で福岡に行ってもよいのか、と悩んでいた。

このように、この一年は不安だらけであった。しかし、夢としている「保育士」の仕事をしたい、ダメでも当たって砕けろ、三年か五年修行したら東京に帰ってこよう、と決意した。正直に言えば、夢に対する気持ちの強さがある一方で、ダメになったときの「保証」があったので踏みこめたと思っている。

自分が入所していた施設の先生に、福岡で就職するという報告をしに行った際、もらった言葉が二つある。一つは「子どもの目線に立ちなさい」で、常に子どものことを考えることと理解した。二つ目は、次のような内容であった。

「この仕事は悩むことが多くある。悩んだとき、職員室や部屋で悩むだけ悩んだら歩け。部屋などで悩むのは、仕事を放棄していることと同じ。園のなかを歩けばゴミが落ちている。そのゴミを拾うのも仕事。歩いておれば、あっちこっちでケンカや問題事がある。歩いておれば仕事が見つかる」

この言葉を、自分としては「悩んだら歩け」と理解している。

2　施設職員としての原点

✻Ａ君との出会い

こうして福岡県の児童養護施設で働くことになった。一年目と二年目は「幼児ブロック」という二歳から六歳までの幼児養育を経験した。

児童養護施設に入所してくる子どもたちは、さまざまな傷を抱えている。発達障がい、情緒不安定、知的障がいなどの児童も多い。絶対的に大人とのかかわりが必要であるにもかかわらず、集団生活のなかで奪われているものがたくさんある。

担当した子どもたちのなかに、生後七日で乳児院に入所して、その後、施設で生活している子ども（A）がいた。この子どもはとても気性が激しく、いわゆる「手のかかる児童」であった。

そんなAとの出会いは、自分にとっても衝撃的なものであった。新任の自分にとっては、悪さをする子どもや元気な子どものほうがかかわりやすいと思っていのだが、それなりに大変であった。また、施設という集団生活の場所ゆえ、一対一でのかかわりがなかなかできないという状態であった。

まちがいをした子どもを叱り、一対一でかかわらなくてはいけないときにかぎってほかの子どもがケンカをしたり、排便の失敗をしたりと、想像以上に手がかかってしまうのだ。

食事の時間にトラブルが起こり、ほかの職員がその子どもにかかわってしまうと、自分一人で幼児一〇人を把握しなければならないという場面がよくあった。要するに、かかわらなくてはいけないときにかかわれないという状態である。

さらに、職員は時間になると自宅や部屋に帰る。「先生もう帰るの？」と聞いてくることがある。職員が代わることで、子ども自身は諦めのようなものを感じている——そんなことに気付きはじめた。その結果、子どもたちとかかわれないことにいら立ちを感じながら勤務することが多くなった。

保育所のように子どもとかかわるのか？
少しでも、家庭のようにかかわるのか？

家庭のようにかかわりたいが、やはり限界があり、子どもたちに対して「右向け右」のようなかかわり方になってしまった。いわゆる「集団を統率」していくために、自分自身が「羊飼い」のようになり、叱ってばかりのときがあった。頭のなかでは分かっているのだが、業務に追われ、いら立ちから大きな声を出すことが多くなった。その相手というのが、ほとんどの場合Aであった。

ある日、Aを自宅に連れて帰り、「外泊」をさせてみた。普段は職員の話を聞かないAが、何と、落ち着いて過ごしていた。その姿に驚くとともに、業務に追われていない自分も、落ち着いてAとのかかわりをもった。集団生活のなかでAが奪われてきたものに気付きはじめた瞬間であるが、同時に課題も出てくる。このような場所で生きているAとのかかわりを通して、自分が変わりはじめるきっかけともなった。

施設のなかでも、幼児期には「家庭引き取り」（施設からの措置が解除されて家庭に帰ること）という機会がたくさんある。「家庭引き取り」に向けて、定期的な外出や外泊を繰り返すことで親子関係ができあがっていくわけである。外出、外泊から帰園した子どもが、「パパと◯◯した。ママと遊んだ」など、ほかの子どもに自慢するといった光景がよく見られる。

子どもたちのなかには、施設の職員以外とは外出したことがないという子どもがたくさんいる。そんな子どもたちが、「俺もパパと出掛けて○○した」と嘘をつきはじめる。そんなとき、職員はどのような声掛けをしたらよいのだろうか？　否定もできないし、認めてしまうとその子どものなかで嘘が現実になってしまい、事実を知ったときのショックが大きくなってしまう。「淋しい」と言って泣くなら、「淋しいなー」と返しながら一緒に過ごせるが、嘘に対してはどうしたらよいのかが分からなくて、聞こえない振りをしてしまうという自分に悩んでしまった。

Aも、徐々に親がいないことに気付きはじめ、嘘をついたり、担当職員と出掛けた話を何度も繰り返すようになった。そんな思いにこたえたいが、担当職員との外泊は二か月に一回程度しか許されていない。

生後七日で（乳児院に）入所して、実の親に抱かれ

福岡県の児童養護施設で

たこともなく、面会も一度もなく、親からもらったものといえば唯一「名前だけ」というAとのかかわりにおいて、「施設職員の思い」のようなものを学んだ。そして、Aを通して、自分が施設職員としてやらなければならないことを考えはじめるようになった。

自分にとって、Aはとても大事な存在になっていった。言ってみれば、Aとのかかわりが施設職員としての原点になったわけである。

✻「差別」を忘れない場所

三年目を迎えたとき、「男子ブロック」（小学一年生から高校三年生が対象）の職員になった。学童期の子どもは、幼児と違ってパワーが凄い。また、常に大人がそばにいなくてもある程度は生活ができていたので、逆に、かかわり方で悩む時期ともなった。

関係が築けていなかったこともあって、相手が中高生になると反抗する子どもが多くなる。言葉では制止できなくなり、時には「力」で止めないとダメなこともあった。どこからが暴力や虐待なのか、これは躾なのかと悩む自分がいた。さらに、いつか手を出してしまい、クビになるのではないかと考えこんでしまう時期でもあった。

こんな男子ブロックに異動してから、「養護施設の差別」を目のあたりにした。

小学一年生の子どもが、「○○君は施設だから、お母さんいないよね」と小学校で言われていたのだ。地域に住む保護者が、「言うことを聞かないなら施設に入れる」などと自分の子どもに話していたり、施設にいるという理由だけで「あの子は悪い子」という印象をもっている保護者もいた。さらに、ダブル（混血）の子どもの肌の色を見て、「黒人・ブラウン・うんこ色」などや、時には「黒人死ね」と書かれた手紙が下駄箱の中に入っていたこともあった。

養護施設の職員となって、「差別を忘れないで働ける場所はここしかない」と改めて痛感してしまった。もちろん、辛いこと、悩むことはたくさんあったが、子どもの成長やさまざまなことを一緒に共感することで楽しいこともたくさんあり、自分は幸せだと思うのと同時に、「逃げ場のない世界」というものを感じてしまった。

子どもたちに差別の話をしていくのも大切なことだが、それとは別に、施設入所の長い短いに関係なく、子どもたちが自分自身の生い立ち（人生）を振り返り、入所理由を含めて文章化するといった作業も大切にしていた。それによって、親への思いや自分はどのような人間なのかなどを見つめ直し、夢や目的・目標などをつくり、施設を出たときにどのように生きていくのかを感じ、最終的には親元に帰ってほしいと考えたからである。そのためには、親と一緒に住むことや、なぜ自分が施設に入所しなくてはならなかったのか、親と離れて暮らすことへの理解などについて一緒に考えることが大きな課題となった。

しかし、現状としては、親と向きあう前に施設生活が落ち着かない子どもも多く、なかなかそこにたどり着くのが難しい。親と向きあえないから落ち着かない、特定の大人とのかかわりがない、つまりかかわってもらえないから落ち着かないのも当然である。だからこそ、ライフストーリーワーク(3)（Life Story Work:LSW）を通して子どもの人生に触れることが大切となる。

子どもたち自身は、思い出したくないことや触れてほしくないことをたくさん抱えている。その傷を見つめることで見えてくるものがたくさんあり、課題が明確になっていく。普段、集団生活のなかでは、個別のかかわりがなかなかできないというのが現状であるため、ライフストーリーワークによる個別のかかわりを大切にして、関係を深めていくわけである。

時には、自分自身の生い立ちや感じてきたことを子どもたちに話して、一緒に考えるという作業も行った。問題行動を起こす子どもも何人かいたが、問題が起きたときをチャンスと考えて個別にかかわっていた。

児童養護施設に入所してくる子どもの大半は虐待である。実際、発達障がいの診断を受け、服薬している子どももいる。心理士との連携が必要とされていることから、どうしてもＩＱにこだわってしまい、その結果、小学校入学時の就学委員会にかかり、支援学級（情緒・障がい児学

（3）　イギリスが発祥のＬＳＷとは、子どもが過去の出来事や家族のことを理解し、自身の生い立ちやそれに対する感情を信頼できる大人とともに整理していく一連の作業のことである。イギリスでは、社会的養護児童に対する重要な支援ツールとして位置づけられている。六六ページから詳述。

級）に通うようになった子どもも何人かいた。

個別のかかわりや少人数の生活ができるなら伸びる子どももたくさんいるが、集団生活で奪われているものがあまりにも多く、成長に関する支援ができていないというのも現状である。また、それぞれに課題を抱えている子どもたち同士のかかわりだけでは、一人ひとりの自尊感情が育まれにくいという面もある。だから「支援学級」に入り、「個別に指導をしてもらうことが大切なのだ」という説明を受け、卒園後のことを考えると納得してしまう自分がいる。

ちなみに、力に対するこだわりの強い子どもがたくさんいるので、自分が学んできた柔道を教えることを通して、本当の強さを感じてほしいとも思っている。いずれにせよ、子どもたちと向きあいながら子どもたちを育てていくために、学校や子どもたちにかかわる人たちと連携をしていきたいと考えている。

✽「家族」としてのかかわり

ここでの生活にも慣れたころ、施設の耐震化整備の改築に伴い、大舎制《たいしゃせい》の施設（二〇～一五〇人）から小舎制《しょうしゃせい》のグループホーム（一二名以下）へと改築された。その改築にともない、男子ブロックもグループホームが二棟と、従来からある本体施設の三棟（二棟は一軒家に小中高生による六名縦割り、残りの一棟は定員一五人程度）に分かれることになった。そのうちの一棟である

「マイホーム」（小規模棟の名称で、六名縦割り）の担当を任されることになった。

そこの担当職員は、自分以外には妻（プラス一名の職員）、つまり実際の夫婦がそのホームを担当する。そして、二歳になる娘とともに「マイホーム」で暮らすことになった。もちろん、夫婦ともにグループホームをしたいという希望があったからである。

その目的として、「家族」を知ってほしい、実際に触れてほしいという思いがあった。言うまでもなく、実際に血はつながっていないが、「家族」であるという仲間意識にも似た感覚を伝えたかったわけである。

実際、子どもたちが「マイホーム」に移動してきてから、大舎制において奪われてきたことが見えてきた。たとえば、洋式トイレでの用の足し方が分からなかったことである。大舎制にも洋式トイレはあるが、そこは大便をするところであり、小便の場合は小便器で用を足すようになっていた。しかし、「マイホーム」になると洋式トイレしかないため、子どもたちはおしっこをする際、開けた蓋に狙いを定めて用を足していたのである。

このような例もある。お風呂場で、他人の「ごしごしタオル」を平気で使ったり、他人のひげ剃りを使い回すなど、「自分のもの」という意識が希薄なことに気付かされた。また、大舎制のころは集団でお茶碗やお椀を使っていたので、お茶碗、コップ、お箸などをそれぞれに用意し、「自分のもの」という意識をつけさせることに取り組んだ。

子どもが施設内で棟を移動したり、担当職員が代わるというのは、これまでも行われていた流れである。自分が担当することになった「マイホーム」への移動が決定した子どもには、事前に説明を行うことにしていた。その内容というのは、「何をここ（マイホーム）で学んでほしいのか、感じてほしいのか」ということである。そして、子ども自身が抱えている課題についてもその機会に伝えるようにしていた。

たとえば、両親を亡くしている子どもが「マイホーム」へ移動になったとすると、少しでも「家族」というものを知ってほしいという思いを伝えた。生活をしていくうえにおいては、大舎制にはなかった小舎制ならではの気付きがあるとともに、子どもたちと一緒に「家族」をつくっていきたいという思いを説明したわけである。

✼「マイホーム」の環境と食事の重要性

「マイホーム」に移動してきたときから、血はつながっていなくても「家族」という言葉を使ったほか、実際の家族である私たちと触れあうことによって、子どもたちは自分の両親と私たちを重ねあわせていったように思える。なぜなら、本当の両親と暮らしていたときの話が増えてきたからである。たとえば、職員の調理作業を見て、「お父さんはこういう料理をつくってくれた」とか、テレビを見ていて、「俺は〇〇で生まれた」など、ためらいなく言える環境ができたように感じている。

大舎制での食事は、厨房でつくられた料理が配膳され、みんなで食べるというスタイルだったので、調理をしている様子を見る機会はほとんどなかったが、小舎制では目の前でつくっているシーンが見られるし、「温め直せるんだ」といったことも知るようになった。

一般家庭であれば当たり前のことだが、食事というものを通して子どもたちは特別な思いを感じたようである。とくに中高生は、塾や部活などで小学生と食事の時間帯がずれることが多かったため、カウンター越しに、ご飯を食べながら一対一での会話という機会が増えていった。

そんなとき、子どもの本音がよく出てきた。ある子どもの場合、両親の死についての話が多くなり、両親の所在に関する会話、たとえば、お父さんの仕事は○○だった、お母さんは刑務所にいた、などといった話が増えていった。

✤「自分史振り返り」の「種まき」

子どもから出る本音の話から、子ども自身の将来や課題について触れるという機会が増えていった。それぞれの会話を職員としても大切にし、今後の「自分史振り返り」の材料として残している。このことを「自分史振り返り」を行うための「種まき」と考えて、現在でも自分は大切にしている。

たとえば、「俺、お母さんいないよ。お前のお母さんは？」といった会話を子ども同士が行っている場面があった。このような場合、大人はどのように関与すればいいのだろうか。これについては、児童養護施設の職員特有とも言える葛藤が生まれてしまう。

自分の場合、このようなときは、その会話に「入らないとき」と「入るとき」を使い分けている。基本的には、子ども同士の会話に横から入ることはしていない。問われたほうの子どもが助けを求めているかどうかが一つの判断材料となる。しかし、そこに存在する情報は、記憶しておくためにも、その場を離れることなく、しっかりと見守る必要があると思っている。

家庭の背景をキャッチしておけるだけのアンテナをもつこと、タイミングを見て、その情報を活かすことも「種まき」の一つと言えるだろう。

会話に介入するときは、一対一でなくても、子どもが職員に対して話をしてきた場合である。その際は、ごまかすことなく、話を聞くようにしている。時には、夫婦で連携して、その子どもの話を聞く人と、ほかの子どもとの会話やフォローをする人に分かれ、集団という場の雰囲気を壊さないようにサポートしあっている。

食事をつくることが多い妻との日常的な会話のなかに、「自分史振り返り」につながる話がやはり多くなる。前述したように、部活やバイトで帰園が遅くなり、食事の時間がほかの子どもとずれて一対一になり、カウンター越しでの妻との会話のときに家族の話が増えるらしい。また、

「○○県での生活は家族全員で住んでいた」とか、「実は、両親は警察から逃げていたらしい」など、自分史づくりの担当をしている自分よりも妻に話している場合が多かった。

なお、夫婦ということもあって、「種まき」の情報が共有しやすいということもある。とはいえ、妻から聞いた情報をあえて子どもに伝えることはない（逆もしかり）。あくまでも、その情報を子どもから出させるように心がけた会話を行っている。

このように、夫婦だから連携しやすい部分もあるが、チームとして意図してできているわけではなく、今後、組織としてどのように取り組んでいくのかが課題となっている。

入所理由における真実告知は児童相談所などが中心となって行っているが、児童養護施設で「自分史振り返り」を実践するということは、生活をともにしているという信頼関係のなか、アフターフォローができるところが利点となる。ここでいうアフターフォローとは、厳しい現実に直面したあとのケアを行うことだけではなく、その子どもの変化に気付いて、対応を変えるということであり、それが強みの一つともなる。

具体的には、お墓参りや生まれた場所、実親が服役している刑務所への訪問などといった「家族行事」を行っている。「家族行事」とは、血がつながっていない家族としての結び付きを強める行事というよりは、その子ども自身のルーツとなる家族への想いを、自分と妻が疑似体験するための行事である。

✲ライフストーリーワーク（Life Story Work：ＬＳＷ）

児童養護施設では、「自分のルーツ」や「なぜ施設で生活をしているのか」を知らずに過ごしている子どもがたくさんいる。とくに、乳児院を併設している施設では、生まれてすぐに入所し、何も知らずに幼・小・中と過ごしていく子どももいる。

思春期の自我を確立するころに「自分のルーツ」や「なぜ施設で生活をしているのか」を知らずに過ごすということは、解決されることのない「なぜ？」というモヤモヤを生みだし、しばしばその後の不安定さや施設における生活不継続などといった問題に発展していく場合が多い。

そこで、ＬＳＷを通して、生い立ち整理、真実告知、能力告知を行うことになる。ともに生活する職員が判断し、「ＬＳＷ委員会」を通して検討を重ね、それぞれの子どもにあったタイミング、環境、時期を見ながら取り組んでいる。要するに、「安心していられる『居場所づくり』」を常にしている養護施設」の子どもに対して、「施設が安心して生活する自分の家」となるように支援していくわけである。具体的な支援内容は、以下のとおりである。

生い立ち整理・真実告知、なぜ学園にいるの？　自分の家族はどこにいるの？

「自分と向きあう作業」、「自分の生きてきた道をこれからの道へとつなげる作業」として子ども自身の生い立ちの整理を行い、「自分史づくり」を行う。

能力告知、障がい者って何？　周りからバカにされて生きるのは嫌だ！

知的障がいやその境界域にある子ども、また発達障がいを抱えている子どもが増加している。自立後、「障がい者である」という現実を背負っていくのもその子どもである。能力告知を行いながら、「自分と向きあう作業」を、理解できる言葉で説明を行っていく。自分が生きていく道へとつながるような支援を行っている。

✻ＬＳＷにおいて大切なこと

施設職員として理解しておくべきことは以下の三つである。

・ＬＳＷは、行ったから劇的によくなるといった万能薬ではない。
・子どもにとって触れられたくない過去の思い出が、心の傷口を広げてしまう。
・多少なりとも、ＬＳＷのあとには不安定な状況が生じる。

子どもとの信頼関係が築けていない場合には、これらの壁を越えていくのが困難である。「子どもとの絆・信頼関係づくり」は不可欠であり、その基盤を確認してからの導入となる。「単なる真実告知で終わらない」ようにするといった配慮が必要である。自分史の振り返りは、真実を教えることが中心ではないのだ。

ＬＳＷにおいて、真実を伝えた時点がゴールのような考え方もあるようだが、自分は、真実を伝えた時点がスタートラインだと思っている。真実告知は、本人の課題と向きあうための一つの方法である。もちろん、告知のための準備を疎かにするわけにはいかないが、子どもの能力や背景に応じての工夫が必要となる。真実告知は、あくまでも、子どもの人生における通過点の一つでしかない。

真実を知ったあと、当然悩むことになる子どもに対して、どのようにかかわっていくのかが重要となる。施設を出たあと、子どもたちが向きあうことになる現実は、言うまでもなく非常に厳しいものとなる。そのような現実に向きあっていけるだけの「心」の強さを育てることが、施設職員に問われている。そして、その覚悟も。

施設で生活したという事実を「弱者」と捉えるのではなく、施設で生活したという経験そのものを意味のある「大切な人生」として捉えてほしいと自分は思っている。

自分自身も、定時制高校時代に「自分史」を書いている。過去を振り返ることが嫌だった自分を見つめるという作業を、定時制の教員が手伝ってくれたおかげで完成したものである。これがきっかけとなって、自分には夢ができた。「保育士になり、自分が入所していた施設職員になる」、「差別のことを忘れない場所で働く」ということである。

定時制の教員が寄り添ってくれ、自分の生い立ちを言葉で整理しながら課題を見つめさせてくれたことで生き方が変わったわけだが、現在では、このような作業が「ＬＳＷ」と呼ばれている。言ってみれば、定時制時代に教員がしてくれたことを、今、自分が施設の子どもたちにしているだけである。

実は、「自分史」を数回書き直している。やはりしんどい作業であったが、書くたびに当時の「景色」の見方が変わっている。過去が変わるわけではないのだが、捉え方が大きく変わり、次につながるように感じている。そして、その原稿をもとにした本書を著すことになった。

✼養護施設における限界と強み

一般的な子どもは、自らの家族がどのような日常生活を送っているのかを見て感じながら、さまざまなことを学んでいる。一方、施設の場合は、一部を除いて、その空間で暮らしているのは子どもたちだけである。

大人たちは、「職員」という形で「通勤」して施設にやって来る。子どもたちが暮らすため二四時間運営となってはいるが、それは「宿直」や「夜勤」という形での運営である。一般的には、二四時間を三交代制で運営しているので、朝・昼・晩と、子どもの面倒を見る大人は代わっている。

「宿直」や「夜勤」を務める職員だが、施設のなかでパジャマに着替えて寝たり、自分の子どもの世話をしたり、仕事に出掛けたり、職場での出来事について愚痴をこぼすといったことはない。子どもたちは、あくまでも「職場にいる大人」の姿しか目にしないのである。また、感染症予防の観点から、体調不良の際には休むこともある。そのため、具合の悪い大人を見る機会が極端に少ないというのが現実である。

普通の家庭では、具合が悪くなった親を見ることで、「かわいそうだからお手伝いをする」といった感情が育つわけだが、施設の場合、育たないわけではないが、家庭に比べると圧倒的に少ないと言える。

こうした施設の限界を日々感じながら、同時に強みも感じている。施設には、保育資格だけではなく、社会福祉士、精神保健福祉士、教員免許、心理士や看護師と、多くの資格や専門性をもっている人が勤めている。一人の子どもに対して、多方面からの意見交換ができるほか、子どもに対するケース検討を深めながら養育できる点が施設の強みであると思っている。

✼施設職員としての岐路

養護施設における限界や強みを感じながら、現場で巻き起こる職員間のトラブルに翻弄されるという日々を過ごしてきたわけであるが、次第に、自分が入所していた児童養護施設で働きたいという思いが強くなり、施設職員としての原点となった福岡県の児童養護施設を退職することにした。

ところが、自分が入所していた施設の恩師から、「今は募集がないから一年間待ってほしい」という連絡が入った。そこで、この機会に東京に戻って障がい児の勉強をしようと考え、児童発達管理責任者として「放課後デイサービス」で働くことにした。その資格は、働きながら研修を受けて取得している。このような経緯のもと、障がい児とのかかわりを勉強したことで、障がい児が置かれている現実を知ることにもなった。

放課後デイサービスでは、療育というよりも「居場所の提供」に近い空間であったり、療育によって能力以上の結果を期待してしまうという保護者がたくさんいた。いったい、子ども自身はどこまで望んでいるのだろうかと、疑問を感じてしまう場面が多々あった。

✲「療育」(4)と「養育」の違い

先にも書いたが、養護施設の職員をしていると、発達障がいや知的障がい、その境界域の子

(4)　療育とは、発達の遅れや障がいに焦点を当て、個別のニーズにあわせた支援やトレーニングを提供して、社会で自立できるように育てること。一方、養育とは、日常生活のなかで必要なサポートや指導を与えて、心身ともに安定した環境で育てること。

どもが多く入所してくる。そして、養護施設から知的障がい児施設への移動というケースもある。そのたびに、子どもが傷ついている様子を何度も目にしている。措置移動を伝える際、職員も子どもも、お互いが寂しい思いをしてしまう。先に紹介したAも、知的障がい児施設に移動している。

とはいえ、障がい児施設へ移動となれば、子どもたち自身の負担が減るというメリットもある。「手放したくない」という思いもあったが、次第に、子どもたちが生きていきやすい場所に措置移動することが子どもたちのためである、と考えるようになった。

また、養護施設を卒園したあとの生活場所などについても、障がい児施設に入所していれば、障がい者施設への移動がスムーズになる。さらに、養護施設の卒園時期に家庭での引き取りがなくて自立のできない子どもには、障がい者手帳を取得させ、障がい者支援を受けさせて自立させていく場合が多いこともある。この時期だと、子ども本人がそれを受け入れる（自分の障がいを受容する）までの時間がないため、こうする以外に選択肢がないという現実もある。

このようなことをふまえて、少しでも子どもたちが傷つかないように、早い段階での移動の見極めや、移動をしなくても養育できる技術を身につけたいという思いが高まり、障がい児療育を学びたいと考えるようになった。

療育技術は、勉強を重ねていくことで生活のなかで活かせることがたくさんあった。障がい児療育は、個別で行う環境さえあればできる部分があるのだが、保護者や療育者が求める要求が高すぎるとその意味合いが変わるように感じられた。要するに、本人の能力を理解することの大切さを学んだことになる。

また、「療育」の場と「養育」（生活）の場の違いも大きくあり、生活のなかで「療育」していくことの大変さもあって、こだわりすぎると負担にしかならない。療育自体は奥が深いので、妥協してしまうと「そこまで」となってしまう。また、できなくても「できている風」となってしまうという現状もある。

国の指針では、社会的養護の児童（保護者がいない、または保護者に養育能力が認められない子ども）について、里親が養育する場合を「家庭養育」、児童養護施設で養育する場合を「家庭的養育」としており、後者については、集団生活を小規模化する方針を打ちだして、少人数制のユニット方式に変わってきている。

とはいえ、施設には組織としてのルールがあり、それは発達に課題のある子どもに合わせてつくられたものではな

執筆者である大作が勤務している成田学園のユニット方式の部屋。集団生活から少人数生活へ変わり、個室もある

い。児童養護施設の生活に療育を取り入れることは、個人ではなく、あくまでも組織として行うことであるがゆえの難しさを痛感している。

その結果、施設においても、障がいのある子どもたちは「生きづらさ」を抱えたままとなっており、それを解決するためには組織自体が変わっていかなければどうしようもない、という課題が見えてきた。

✲夢の実現に向けて

その後、ついに、夢であった自分が入所していた児童養護施設で働くことになった。正直に言って、大きな期待ややりがいを抱いて入職した。入職当時、この施設では生活のなかに「療育」は取り組まれていなかったが、入職五年目に取り入れられている。

今後、時代の流れから「療育」を必要とする子どもの入所が増えると予想し、組織として取り組みはじめている。まだ定着はしていないが、大きな一歩であると感じている。そして何よりも、恩師である先生と一緒に仕事ができるということがうれしかった。これからは、「里親支援専門相談員」として、地域の里親子とかかわる仕事も多くなるだろう。施設の児童とかかわらないわけではないが、施設以外での仕事も徐々に増えていくことが予想された。

全体の様子を見ながらではあるが、少しずつ自分らしさが出てきているように感じはじめた時期でもある。そして、児童養護施設の限界を感じながらも、二〇二四年現在、自分の理想とする施設を夢見て、「ファミリーホーム（小規模住宅型児童養育事業）」のできる家を建てて三年目となる。

両親の介護という問題もあり、いつからファミリーホームをはじめられるか未定だが、数年後にははじめたいと考えている。自分を養護施設に入所させたことをいまだに重荷と感じている両親を、その施設の職員になった自分が建てた家で一緒に生活するというのも親孝行の一つではないかと思っている。

3　自分史振り返りの実践——自伝をつくる

このような生活を送ってきた自分だが、定時制高校の時代から行ってきた「自分史振り返り」と、施設職員として子どもたちに行ってきた「ライフストーリーワーク（ＬＳＷ）」の実践を通して学んだことや気付いたことを改めて述べていきたい。

✿まずは、子どもを見立てる

それぞれの発達段階や能力を見極めたうえで、担当者が何を求めて、何を気付かせたいのかを知り、そのためには、どのように伝えたらよいのかを考える必要がある。要するに、写真整理や家族行事、自分史づくりなどといったさまざまな方法があるなかで、どの方法がベストなのかと考えるわけである。

この見立てにおいては、子どもにとどまらず、職員自身の能力やキャパシティを知ることも大切となる。そのためには、そのことを気付かせてくれる存在が必要となる。一人で抱えるよりも、お互いのことを知るペアや経験の豊かな人、心理士を交えたチームでかかわることがベストである。

今、施設において大きく問われていることは、知的障がいやその境界域にある子どもが多いため、子ども自身の能力を心理判定などの形で伝えていくという作業である。つまり、自らの能力に向きあって、自分自身との付き合い方について教えるということである。

能力告知という場面では、心理士とケアワーカーが同席し、本人の得意・不得意の特徴を心理士から客観的に示してもらっている。ここでも、子どもに応じて視覚化するなど、心理士側の工夫が求められる。いくつかの事例においてこのような方法をとっているわけだが、同席しているケアワーカーが客観的な数字と生活場面で見られる子どもの状態をすりあわせて、その場で伝えられるという利点がある。

この利点はとても大きく、今後の指導や声掛けの意味について、子どもも大人も共通認識のもとで話ができるため、子どもの聞き入れ方が変わっていくという印象をもっている。また、知的能力にかぎらず、発達障がいなどの情報を心理士から子どもに伝える際、ケアワーカーが同席していることも同じく大切となる。

とはいえ、伝える際にはどうしても大人二人に対して子ども一人という形式になるので、子どもを責めるような形になりがちとなる。それだけに、子どもに受け入れてもらえるように伝えるためのコミュニケーション能力や、綿密な打ちあわせが必要になる。座る位置なども意識するとよいだろう。伝える側が正面に座り、寄り添う側が児童の隣に座るなどの工夫である。

たとえば、事前の打ちあわせに関しては、自分は何度も行っている。その打ちあわせにおいて、子どもの見立てを行い、どの内容を伝えるべきかという慎重な選定を行っている。この点に関していえば、普段からのケアワーカーと施設心理士との連携が重要になってくる。前述したように、大人側が大勢になるという状況は子ども側からすれば負担になってしまうので避けたいところだが、子どもとの関係が良好であれば、ケアワーカーが複数いても問題はない。

✽自分史の振り返りとは——触れられたくない過去に触れていく作業

「自分史づくり」では、自らを見つめることになる。つまり、自分自身の生い立ちだけでなく、自らの課題や能力を見つめることとなる。これについて少し詳しく述べていきたい。

「行うタイミング」は、問題行動を起こして反省しているとき、差別を受けたとき、進路などで本当に悩んだときである。こういった場面のときこそ、触れられたくない過去に触れやすいチャンスになると自分は思っている。なぜなら、素直な気持ちになり、受け入れられる状態となり、「いきがる」ことをしないからである。「いきがらない」ときというのは、何かに悩み、壁にぶつかって、子ども自身がどうしたらよいのかが分からなくなっている状態である。

とはいえ、そのためには、子どもとの信頼関係の構築がまず必要になる。信頼関係の構築においては、職員の「人となり」が重要になってくる。虐待などの影響が理由で、とくに力関係に敏感な子どもたちだからこそ、単純な「力」だけではなく、「まちがいをまちがい」と言ってくれるのかどうかなどといった職員の力量を見抜いてくる。

ここで大切なのは、理不尽なことを言わない、そして大人の都合で話をしないことである。子どもから、「あの人に言えば、自分の話をちゃんと聞いて結果を出してくれる」と思われること、そして「認めてくれる、守ってくれる」という実感をもってくれるかどうかということである。

これらをふまえると、普段のかかわりのなかで行う「種まき」が重要になってくる。子どもが抱えている家族背景を知らない（子どもと共有していない）職員に、触れられたくない過去に触れられるというのは、誰であれ、心を開きづらいものである。

問題行動を起こしているときに話をするというのは、それこそ大変な状況となるが、問題行動を起こす理由として、本人のなかでの課題や核になっているものが安定していないからこそ問題行動につながっているように感じられる。それゆえ、そこをきっかけに話をはじめることが重要になる。問題行動をチャンスと捉えるという考え方があってもよい、と自分は考えている。

✻自分史振り返りの具体的な方法

・子どもが生い立ちを箇条書きで書きだす。能力的に難しい場合には、担当の職員が会話のなかでメモを取る。
・その内容を実践者がパソコンでまとめる（文章化）。
・次回にその文章を子どもが読み、さらに追加・修正を行う。
・次回までにそれをさらに文章化して……という作業を繰り返す。
・自伝を完成させる。

このような形で、施設への入所期間に関係なく、自身の生い立ちを振り返り、入所理由を含めて文章化するという作業を行っている。この作業によって、親への思いや自身がどのような人間なのか（課題があるか）などを見つめ直し、今後の人生、つまり将来を考えるきっかけにしている。

施設から出たあとどのように生きていくのかを考えてほしいし、いろいろな意味で親元に帰ってほしいからである。親と一緒に住むことや、なぜ自分が施設に入所しなくてはならなかったのか、親と離れて暮らすことへの理解などについて、一緒に考えるようにしている。
このような日常生活における「種まき」と「自分史づくり」だが、子ども一人ひとりに明らかな違いがあるので、時間の確保が想像以上に必要になることを補足しておきたい。

ここで、ＬＳＷの実践事例を紹介したい。小学校六年生で養護施設に入所した児童についてである。特性が強い児童で、トラブルも多かった。ほかの児童から守るために、あえて話す時間を設けた。その時間を利用して、中学校二年生から高校三年生までＬＳＷに取り組んだという事例を抜粋する形で紹介したい。基本的には原文のままだが、傍点と（　）内は自分が補足したものである。念のために述べておくが、ここに掲載した実践事例はたくさんあるＬＳＷの一つでしかない。内容を精査し、本に掲載しても問題のないものを選ばせていただいた。

✿ＬＳＷの実践事例

四歳ぐらいの時、父母がケンカをしているのを見ながら兄弟でよく泣いていた。酷かった。タンク式の掃除機を父が投げたのを覚えている。父親の事は実際余り覚えていないが、普通ケンカ（夫婦ケンカ）ばかりしていたから嫌な気持ちしか残っていない。今は特に恨んだりしていない。父親の事は眼鏡を掛けていたのを覚えている。

母親の顔は覚えていないが、よく泣いていたことを覚えている。母親からは俺ら兄弟を捨てられているし、家賃や駐車場代など滞納して祖母が払った事を聞いて、迷惑しか掛けていないと思っている。アパートをかってに出て行きお金が掛かった話しを聞いていたのでイラッとしていた。母親のことは今でも恨んでいる。

保育園に五歳くらいから入り、その時ぐらいから祖母と一緒に暮らす。

父母が離婚し半年ぐらいは母と弟で一緒に住んでいた。マンションからアパートに移る。

祖母に預けられ二回母親が迎えに来て弟と一緒に自宅に帰った。ランドセルをからっていた（方言で、「しょっている」という意味）のを覚えている。家では何もしていない。新しい男の人がいたのを覚えている。一年ぐらいしてから連絡が来なくなる。

父母と離れ寂しいと思った記憶はない。

祖母との生活はその時はひいばあちゃんも住んでいたのを覚えている。ひいばあちゃんが病気にかかり雰囲気がかわり、ストレスが祖母に溜まりぶつけられていたと思う。

祖母からは、よく説教をされていたが、そのまま聞き流していたから、同じ事を繰り返し何回も怒られていた。

小さい頃から弟とはよくケンカをしていたが、よく俺が悪くなり怒られていた。兄弟ケンカの後に祖母から叱られ祖母ともケンカになっていた。

　小学三年生ぐらいの時にミスターマックスで万引きをして祖母から怒られよく家から追い出されていた。祖母の言う事を聞かなかったときだった。「情緒短期治療施設」(5)では特に酷いことはなかったが家から離れ寂しいと思っていた。入所していた最初は分からなかったが、後から児相（補足・児童相談所）で万引きした事など話されたりして、で後々考えると自分が悪いことをしたから児童相談所に連れて行かれたと思った。「情緒短期治療施設」に連れて行かれたのはよく分からない。余り覚えていない。

「情緒短期治療施設」では精神的な病気みたいな話をされていたが、よく分からなく、あまり覚えていない。心理テストとかしたのを覚えているが、殆ど遊びだった。

　小学校六年生の三学期に家に帰る。よく分からないが、「もう大丈夫」と言われ家に帰った。

　家では薬をあまり飲まなくなった。

　家ではあまり外に出なかったし学校でも本ばかり読んで、友達も少なかった。

　祖母が厳しく外や遊びに行くことが出来なかった。

　弟とケンカして良く手を出していた。祖母とは口ケンカをしていた。

　DS（補足・任天堂のゲーム）の事でケンカをしていた。

　弟とケンカをしたときギザギザしたナイフを振り回した事で児童相談所に連れて行かれた。

児相では、何で振り回したのか聞かれた。

家に帰るか？　学園に入るか？と聞かれ、家に帰っても同じ事を繰り返すから学園に入ると決めた。

〇〇学園に入る

〇〇学園は「情緒短期治療施設」と同じ様な所と思っていたが、何か違っていた。〇〇中学校は荒れていると思っていた。風紀とかも厳しかった。

学園では〇〇からいじめられたのが嫌だった。〇〇のたばこのつきあいも嫌だった。先生たちには助けてもらったと思う。

学園の中で大作先生から病気（ＡＤＨＤ）の話しをされ初めて詳しく話しをされた。それはそれでしょうがないと思った。自分の性格を考える様になったけど余り考えていない。

祖母は自分の病気を認めたくないようで、障害者にさせたくない様に思う。病気の話になるとキレ出す。

「情緒短期治療施設」に入るぐらいから、母親の事を恨んでいる。自分だけなぜ母がいないの

（５）心理的・環境要因でつまずいたり、混乱の生じた子どもとその家族を対象とした児童福祉施設。医療・福祉・教育が連携して、治療的療育支援を行っている。

かと考え、よく分からないが恨んでいた。

外泊時祖母に名前の事を聞く（なぜ○○という姓なのか?）。母が迎えに来ると言っていたことや名前が変わると離婚したことが世間に分かる事が嫌で変えなかった。それに迎えに来ると言っているのに勝手に変えては駄目だと思っていたらしい。

祖母が酔っていたので気になっていた事が聞けた。

中学ぐらいから、なあなあだった。その場だけで考えていた。切り替えが下手だった。

同和の人たちと定期的に話をして、結構刺激になっていた。自分と同じではなく、在日の人たちの話を聞くことは今までなかった。先生の子どもの障害の話を聞くようになって自分のことを考えるようになった。

高校に入ってＡＤＨＤのことを考えるようになる。人から（心理士や大作さん）言われてもあまり理解できなかった。特性を先生達や医師から言われても話が難しくてよく分からなかった興味を持っていなかった。大作さんから言われて、興味を持ち始めたかもしれない。

高校の図書室で発達障害の本を読むようになる。（ＡＤＨＤ・アスペルガーは）あてはまると思った。高２ぐらいの時。年を重ねると治ると書いてあったが変わるのかなあと思った。自分自身を分析し始める。最初はその場で読んでいたが、（補足・図書室から本を）借りるようになる。高校生活の半分ぐらいはその事を意識するようになる。社会に出る心配が多くなる。

大作さんから手帳（障害者手帳）の話をされるが差別が怖かった。だから一般で就職する事は納得していたが、周りに流された感じであった。○○家具の仕事内容は合わなかったと思う。職人の人達とは会わないと思う。注意、叱られる事が多く、ミスが多くあった。自分が思っていた事と違う事を親方に言われるとパニックになりおこられる。大作さんに相談し会社を辞めて手帳を取り障碍者枠で就職をすることになった。

本児に対するＬＳＷの目的は二つあった。①親や祖母への思いと、②発達障がいの理解、である。手帳の取得はできる児童だったが、中学校普通クラス、普通高校と通えていたため、障がいの理解をどのようにさせるのかが課題になっていた。

卒園の際、自立（一人暮らし）のため、手帳を取得して障がい者サービス受けることを進めると同時に、障がい者が置かれている差別の話もした。差別を受けてでも、障がい者として生きるくらいの覚悟をもたせたかったのだ。一般就労で生活ができるならそれでもよいが、もしだめなら、障がい者として生きていく覚悟が必要になる。支援者側からの考え方だけで障がい者就労をさせたくなかったし、そのことを本児自身に理解させたかった。

本児は、差別が怖いという理由で一般就労を選んだ。就職後も、本児が失敗しても手助けができるように関係を継続した。半年ぐらいして本児から相談があり、話を聞くと、仕事場での限界を感じているとのことであった。本児から、障がいのサービスを受けてでも働きたいという要望があり、本児が働きやすい環境をつくるために手帳を取得し、就労することになった。ＬＳＷの真実告知の一つとして「能力告知」があるが、それについて学ばせてもらった児童である。

✽子どもと向きあうための「心・技・体」

自分は、柔道を子どもたちに教えている職員でもある。武道では「心・技・体」という考え方がある。これは、「精神力」、「技術」、「体力」のどれか一つでも欠けている状態は充分ではない、という意味である。金メダリストでもある先生が言われた一節に、次のようなものがある。

「柔道における座礼で手をつく。そのついた手が三角を形どる。その三角形が『心・技・体』を表し、その真ん中に自分がいる」

自分自身、子どもと向きあううえにおいては、この考えが当てはまると思っている。まず、「心」は子どもに対しての想い、そして厳しい生い立ちに向きあう職員の覚悟である。そして「技」とは、生い立ちから子どもを見立て、言葉を選んで「種をまく」技術である。最後の「体」とは、職員が自らの身体を整える力、心身ともに健康であること、そしてそれに気付ける力の習得となる。「心・技・体」のどれもが欠けていない状態でこそ、子どもと向きあえるのではないかと考えている。

今紹介した「座礼」の話では三角形の真ん中に自らを置いたわけだが、施設での仕事の場合は、子どもを真ん中に置いて考えるようにしている。つまり、あくまでも子どもが中心の取り組みであるということである。

4 「自分史づくり」の実践で見えてきたこと——期待される効果と注意点

✽子ども自身の課題への気付き

ここで述べる課題とは、子どもによってもちろん違うが、ちょっと難しいものとなる。たとえば、施設生活のなかにおいて両親のことに触れないでいた子どもに対して、職員が「親」や「家族」という言葉をタブー視してしまうことがある。しかし、ふとしたきっかけ（名前の由来など）や、子どものひょんな疑問から、親のエピソードに触れざるをえない場合がある。だからこそ、むやみにタブー視をせず、分かる範囲で職員が答える必要がある。

このような疑問の裏側には、「憎しみ」や「怒り」という感情があるだろう。それでも、親を憎めない葛藤、たとえば、親への理想（両親が好きで絶対的な存在）などから、家に帰りたい思いはあるが現実には自分で諦めてしまう場合がある。このような親への葛藤があるため、引き取りができないという現実が受け入れられない、諦められない、などに気付ける時間として、あるいは考える時間として「自分史づくり」があるのではないかと考えている。

「自分史づくり」を行うことによって、子ども自身も課題が明確になる。課題が明確になっていくことによって、生活のなかでもその課題に触れていくことが多くなる。

人は誰しも、独りで考え、向きあうことが難しいという問題を抱えている。そこに誰かが寄り添い、話を聞いて、共感する存在が必要となる。共感する存在でありながら、その反面、子どもが触れられたくない部分、向きあいたくない部分にも、ともに目を向けられる存在となれるか否かが、施設職員に求められている技量なのではないかと思っている。

うわべだけの共感で終わってしまうのではなく、その子どもが抱えている葛藤に付き合える場が、「自分史づくり」という、生活場面とは一線を画す方法だと思っている。

✽施設で暮らしていく、施設出身であるという覚悟をもたせる

「なぜ、ここで生活せざるをえなくなったのか」

子どもたちは、この点についてどのように考えているのだろうか。これまで、生活をともにしてきた子どもの考えや態度を見ていると、八割以上の子どもが「施設出身＝弱者」というレッテ

ルを貼っているように思える。それは子ども自身の差別意識でもあり、施設にいることで「引け目」や何だかの差別を受けているという経験があるからこそ、このような意識につながっているのだろう。社会に出たら、自ずと向きあっていかなければならない部分である。

そこで生活せざるをえないという事実に向きあい、その意味を、僅かでも肯定的に捉えられるように施設職員としてかかわっていく必要がある。子ども自身が「施設出身だから……」という諦めや、それをある種の「逃げ道」にしてしまうからである。だからこそ、職員側も差別意識について考え、子どもが置かれている差別の現状を知ることが重要となる。

✼過去を見つめることで将来の夢へとつなげる

「自分史づくり」は、大人にとっても辛い作業である。そのなかで、どのような想いや目標をもって子どもにかかわるのかも、継続するうえにおいては糧となる。理想ではあるが、自分自身の課題を見つめることで、どのような職に就こう、どのような将来を描こうかということにつながっていくように思っている。

過去の自分、自分の性格・性質・障がい、親とのかかわり、さまざまなルーツを見つめることによって生き方の土台を見つけてほしいと思っている。もちろん、自身が「過去」と「現在」と「将来」を一つに結んだ自分史がつくれたからである。そして、「過去」と「現在」を結んだ自分史を見つめることができたからこそ「夢・将来」につながったわけである。

自分史をどのように見つめ、考え、感じることができるかがとても大切である。自身の経験をひた隠しにするのでなく、それに向きあったうえで将来の糧としてほしいと思っている。

✤子どもに対しての見方が変わる

「自分史づくり」は、子どもにとっても、大人にとっても、「自分史づくり」の相方（同志）という、人生をともに振り返った特別な存在となって関係が深まっていく。しかし、その反動というか、その注意点もあるので、ここで述べておきたい。

先に述べたように、子どもとの関係が特別深くなるため、子どもからの要求も増し、職員としての負担が増加し、感情的な揺さぶりを受けてしまうこともあった。ゆえに、自分史という振り返りを行っても、求めた結果につながらないケースもあれば、うまくいかなかったケースもあった。そのとき自分は、子どもとの関係性が深まっていたがゆえに大きなショックを受けている。今にして思えば、子どもによい結果を求めすぎていたのかもしれない。

勘違いを犯しやすいのは、真実を伝えるからといって子どもが急によくなるという「魔法のかかわり」ではないということだ。それに、子ども自身が生い立ちを理由に、さまざまな問題行動の逃げ道をつくってしまうということもある。

自分の場合、「自分史づくり」が一度完成してよい結果につながったために関係性が深まったわけだが、その経験によって、その後しっかりかかわらなくても大丈夫と安心していたために「つめ」が甘くなって失敗したことがある。このときには、一度整理をしたから終わりではなく、危機感を常にもっておく必要があると感じた。

常に、次の課題やステップアップについて考えておく必要がある。そのようなときにこそ、大人が一緒になって、根本となる生い立ちに向きあうといった作業が何らかの形で必要になる。その一つの形が「自分史づくり」となるわけだが、今述べたように、完成したからといって終わりではない。

自分の場合は、「自分史づくり」においては業務のあい間を縫うようにして一人で取り組んできた。しかし、そのことに「限界」を感じるようにもなった。

「限界」とは、職員数という問題からの時間確保の難しさや、「自分史づくり」のあとに荒れてしまう子どもへの対応という困難さである。ほかの職員にも「自分史づくり」について理解してもらう必要があるし、場合によっては、専門的な知識を必要とする場合もある。そして、程度は異なるにしても、すべての子どもに必要であるという点である。つまり、職員と担当児の一対一の関係を超えた範囲、施設全体で取り組む必要があると感じたわけである。

そこで自分は、仲間を増やしていこうと少しずつ動きはじめることにした。つまり、「一人で向きあうこと」から「チームで向きあうこと」にしたわけである。

5　ライフストーリーワーク
——真実告知が日の目を見るために

本書のもとになる原稿を書いたのは八年ぐらい前（二〇一五年頃）であるが、現在はライフストーリーワーク（LSW）に関するさまざまな本が出版されているので、社会的にも進んでいるように感じている。また近年、全国的にライフストーリーワークや真実告知が注目されるようになったこともあって、施設としても子どもの生い立ちをタブー視しない動きが活発化している。

このような社会的な動きをベースにして、福岡県の施設にいたときに「性教育委員会」を立ちあげたことがある。しかし、性教育を行っていくうえでは「性」と「生」が切り離せない存在であることに気付き、「性教育委員会」を改めて「ライフストーリー委員会」と名称を変えることにした。

✼乳児院との情報共有・写真管理

以前働いていた福岡県の施設は乳児院との併設施設であったため、乳児院から養護施設に移動になった子どもの生い立ちに触れることは、乳児院でのケアに触れることになる。しかし、子ども自身の目線に立って、乳児院時代の思い出話をしてくれる職員は養護施設にはわずかしかいない。すると、子どもにとっては、乳児院時代が「空白」となってしまう。それだけに、乳児院時代のアルバムや写真に職員のコメントが入っていると記憶にない時代をつないでくれることになり、子どもたちもとても喜ぶことになる。

このように、施設をつなぐ連続性に関する理解を深める場として、乳児院の職員にもこの委員会活動に参加してもらっていた。

✼「自分史づくり」の長期的な視点に立ったケアプランを自立支援計画票に取り入れる

施設全体に生い立ちをつなぐことの重要性が広まりつつある現在、自立支援計画票のなかにもこの要素を取り入れるべきだと考えている。もちろん、例年作成されている自立支援計画票が形だけのものになってしまわないためである。

つまりそれは、担当職員に子どものケースをきっちり把握したうえでのケアプランの作成が求められ、その子どもを短期的な視点ではなく、「過去—現在—将来」という長期的な視点で捉えてケアプランを立てる必要があるということになる。自立支援計画は、子どものクリアすべき課題を年度ごとに挙げる場でもあるが、より長期的な視点で子どものケースと向きあうことで、対象となる子どもの課題が見えてくるのではないかと考えている。

1886（明治 19）年に創設された「社会福祉法人　成田山福祉財団成田学園」
住所：〒 286-0011　千葉県成田市玉造 1 － 1
電話：0476-27-5451

左から、磯村・筆者（大作）・恩師（成田学園の園長）

✽そして、今思うこと

この仕事に就いてからも、自分のなかにある大きな芯は変わらない。さまざまな人との出会いで人生が大きく変わり、今の自分がある。多くの経験をしたし、辛いこともたくさんあったが、その場その場を必死に生きてきた。たしかに、逃げだしたこともあったが、その経験が意味のあるものとして自らを成長させてもらったと考えている。だからこそ、子どもたちにとっても、自分にとっても、出会ってよかった人、そんな存在になりたいと考えているし、これからも成長していきたいと思っている。

「よく頑張ってきた」と人から言われるが、自分としては、その瞬間を必死に生きてきただけである。逃げだしたくなることも、死にたいと思ったこともあったが、それだけの勇気がなく、寝たら朝が来るのと同じように、必死に生きることを繰り返してきただけのように思っている。特別頑張ったわけでもなく、時間が過ぎて、「なるようになっただけ」である。このようなありのままの自分の「弱さ」や「体験」を、子どもたちに伝えていける存在になりたい。

✽みなさまへの感謝

福岡の児童養護施設にいたときには、施設内でさまざまなことが起き、悩んだ時期もあった。

退職を考えて、千葉県の恩師に相談したこともあった。恩師と話し、酒を飲み、「もう少し頑張ろう」と思って福岡に帰ったことを覚えている。

また、退職を踏みとどまったのは、妻の支えのほか、他施設の職員が自分にたくさんの励ましや声を掛けてくれたからである。住みこみをしていたため、自分だけを誘うのではなく、家族全員を食事会などに何度も誘ってもらった。本当にありがたかった。

「あのバカ騒ぎは忘れません。今でも家族とその話になり、笑顔になります」

そのなかの先輩には、年に数回、いまだに千葉まで会いに来てくれる人もいるし、九州の児童養護施設に講師として自分を呼んでくれる人もいる。ありがたい話である。行事などで会えば、毎回、「大作、大丈夫か？　家族は元気か？」と言ってもらっている。このようなひと言に救われている。

また、専門学校時代の同級生には、施設で働き、施設長になった友人もいる。自分で勝手に思っていることだが、ライバル意識があり、自分も頑張ろうと日々思っている。

本書を出版することになり、改めて自分の過去を振り返って感じたことは、定時制高校の先生や柔道の先生だけでなく、自分を支えてくれた人、自分を含めて家族を支えてくれた人、そんなすべての人たちへの感謝である。

みなさん、本当にありがとうございました。

第2章

心の問答

本章では、第1章で紹介した「大作物語」の出来事をもとに、主人公である齊藤大作の心の揺らぎを対話形式で深堀していくことにする。ナビゲーション役となるのは、拙著『「困った生徒」の物語』に登場する「ぼうず校長」こと「秋川愚禿」である。

大作と愚禿の出会いは、定時制通信制高校の全国柔道大会である。この大会が縁となって愚禿は大作の「自分史」の存在を知り、そこに書かれていた逸話をもとにして「問答」をはじめることにした。

本書の「はじめに」でも述べたように、家族や家庭の問題を背景にした困難を抱えている子どもたちが、何を考え、何を思い悩んでいるのか？　そして、彼らを支援する大人たちの対応は、真に彼らの本心に寄り添うものになっているのか？　行政や学校の打ちだす支援策は、本当に彼らの安心や希望につながっているのかなど、困難の当事者であった大作へのインタビューを通して、喫緊の教育課題や家族問題の核心に迫っていくことにする。

大作　　愚禿

愚禿　大作、今日はよろしく。大作が書いた「自分史」を本にしようと安請けあいをしたものの、その内容を見て、「これはやばい」、「これはやっかいなことになる」と不安になってしまった。そこで、今回のインタビューを企画したわけだが、ここでは「自分史」のなかで語り尽くせなかった大作の本音を存分に語ってほしい。まずは、インタビューに入る前にちょっと聞いてもらいたいことがある。

私が勤務していた高校にも施設から通う生徒が何人もいたので、その生徒の高校生活について紹介したい。何か気になることがあったら、遠慮なく質問をしてほしい。

まずは、ユウコ（保護者の犯罪歴・養育能力不足から児童養護施設に入所）という生徒についてだが、入学直後からたくさんの「つまずき」やうまくいかないことがあった。ユウコについては、施設からの詳しい情報提供がなく、学校と施設間の通常の連絡だけで高校生活を過ごしてきた。そして、卒業式の当日、ユウコが「愛の手帳」[1]の保持者であることを施設職員が明かしてくれた。入学時にその情報があれば、ユウコに対する対応の仕方や指導方法が違っていたのかもしれないと思うと残念でならない。

（1）知的障害者（児）が各種のサービス（手当、制度等）を受けるために、東京都が交付している手帳のこと。

大作　その生徒は、その後、どうなったんですか？

愚禿　卒業後、ユウコはグループホームの援助をもらいながら一人で生活しているようだが、精神面の状況が悪化し、病院への入退院を繰り返しているそうだ。在学中に、困ったときには「困っている、助けてほしい」といったことが教えられず、みんなと同じようにできないと怒られ、「自分はダメな生徒だ」と思わせてしまっていたのではないかと、今になって後悔している。

なぜ、初めに「愛の手帳」を持っていることを学校に伝えなかったのかと施設の職員に尋ねたら、「その件で差別されたり、特別扱いされてしまうことを恐れた」と言っていたが、実際のところ、どうなんだろうか？

大作　在学中、先生たちは学力の低さなどに気付いていたんですか？　ほかにも、何か問題行動はなかったですか？　「施設に確認してみよう」などの、先生からのアクションがあったのかどうか知りたいです。

愚禿　つまずきや失敗が多かったので学力や能力の低さを指摘する教員はいたと思うけど、在学中には大きな問題を起こさなかったので、施設に確認するといったことはしなかった。今考えれば、「愛の手帳」を持っていることが事前に分かっていたら、別の配慮をしていた可能性はある。

もう一人、ハズキ（保護者の養育能力不足から児童養護施設に入所）という生徒についてだが、普段の生活や家出騒動の際にも施設の担当者が学校側の意向をくんで協力してくれたので、早い段階から施設と学校で連携し、見守り、指導することができていた。でも、本人からすると逃げ場がなくなり、施設や学校に嘘をついたり、外に逃げてしまうことが度々あった。

本人にとっては、学校イコール部活動（バスケットボール部）で、唯一、褒めてもらえる場であったため、学校は大好きだったようだ。ハズキを自宅に取り戻したいと思っている保護者からすると、施設がすべて学校の意向に合わせていると見えていたため、父親から学校への苦情が頻繁にあって、部活動の顧問は大変だったようだ。

大作　何となく想像がつくケースですね。よくある話だと思います。本人の意向がどこまで通ったのか、児童相談所と施設、学校との連携がどこまでできていたのかを知りたいですね。

愚禿　たまたま、バスケットボール部の顧問が東京都の教員になる前に児童自立支援施設で働いていたこともあって、本人の意向をくみながら、児童相談所や施設との外部連携がうまくできていたと思う。やはり、教員側に外部機関につなぐ知識や発想があると連携はうまくいくと感じたね。

最後は、タツキ（本人の暴力事件と保護者の養育能力不足から児童自立支援施設に入所）という生徒。中学校の途中から高校入学前まで入所していたため、言葉遣いや挨拶、礼儀などといったことは施設の先生から厳しく指導されていたようで、高校入試の面接は高得点で合格した生徒だった。施設の指導力って、学校以上にすごいね（笑）。

高校入学後は自宅に戻り、家族との生活になってから、家が酒、煙草、暴走バイクの溜まり場になっていった。学校で問題行動を起こしはじめたとき、入所施設に定期的に通うという「通所指導」をしてもらっている。そのときは情緒の安定が見られたけど、一週間に一度の通所が二週間に一度になり、一か月に一度と回数が減るごとに不安定になり、最後は行かなくなってしまった。そして、暴走チームの結成やチームの縄張り争い、学校では暴言、暴力、授業妨害など、特別指導の連続から不登校となって、結局、退学してしまった。その後も、闇バイトの「受け子」などに手を染めて、少年院への送致となった。

大作　タツキは、自分によく似ている（笑）。自分は運よく少年院には行きませんでしたが、紙一重だったと思います。昔に比べると、今はＳＮＳを通じての闇バイトなどの誘惑が多く、犯罪までの距離がものすごく近くなっている。今なら、自分もやばいですよ（笑）。

愚禿　ここに示した事例はほんの一部なんだけど、学校と施設の連携のよい点は、施設から通ってくる生徒は、寝食が保証されていて、保護者の暴力・虐待・ネグレクトなどから離れることで自分のことや将来のことが考えられるようになり、心身ともに安定した学校生活が送れることだと思う。

大作　そのとおりですね。家庭から離れることで、子どもは心身ともに安定すると思います。

愚禿　とはいっても、施設と学校との連携には難しさもある。家庭から離れた居場所を行き来するために本人の逃げ場がなくなり、現実から逃避したり、嘘をついたりする場合があるからだ。また、施設の教育方針を学校側にも要求されることで、学校での指導がやりづらくなる場合もある。

大作　そうですね。逃げ場がないと、嘘をついたり、自分みたいに施設から脱走したくなりますからね（笑）。

愚禿　まあ、いずれにしても、家庭や家族の問題を背景にもっている子どもにとっては、生活全般に及ぶ施設における手厚い対応が、小中学校から高校までの学校教育にうまくつながることが重要だと思うな。また、それ以上に、施設や学校を出たあと、どのような人生を送れるのか、どのように社会とつながるのか、大作の「自分史」を読むと、そのことがさらに重要であると感じてしまったよ。やっぱり、当事者の言葉には重みがあるね。

本題のインタビューに入る前に、大作の体験を通して、また当事者として、施設と学校の連携に関する本音を聞かせてほしい。

大作　施設に入所した当時の自分の記憶では、学校の先生と施設の先生は仲がよいという印象でしたね。悪さをするとすぐに報告が行くような感じがあり、「余計なことは言わないほうがよい」（笑）と思っていました。しかし、自分が福岡の施設職員なってからは、学校との連携はとくに念入りにしていたと思います。人間は、立場が変わるとずるいですね（笑）。

当時の副施設長が、自宅に各学校の生徒指導の教員や少年課の刑事を招いてバーベキューパーティーを開いていたんですが、自分もそこに呼ばれて、各学校の生徒指導の先生とのつながりができました。当時は、問題を起こして警察のお世話になる児童もいたため、警察署にも定期的に挨拶に行っていました。生徒が問題行動を起こしたときだけではなく、学校にはよく足を運んで連携を図っていましたね。

入所している児童は嘘がつけなくなるので、悪さがしづらくなります。これは、自分のような、両方の当事者でないと分からないでしょうね（笑）。

愚禿　なるほど。それでは、本題のインタビューに入っていこうか。第1章で紹介した「大作物語」からエピソードを選んでそれをテーマとし、それについて大作の当事者としての率直な思いや考えを言葉にしていきたいと思うので、よろしく。

✻テーマ1　「いじめ」について

（前略）区大会、都大会と勝ちあがり、六年生の夏休みに関東大会に出て決勝戦で負けてしまった。そのときの「最後のバッター」が自分であった。

その場面で見逃し三振したのが原因で、いじめを受けるようになった。自分としても、「やってしまった……」とかなり落ち込んでしまった。

（中略）

いじめのなかで一番嫌だったのが、みんなから「しかと」されることだった。「しかと」をされるより、殴られて、かまってくれたほうがよかったと思っていた。

こんなことを考えながら一人でいると精神的に疲れて、たまに「死にたいなあー」と思ったこともあった。（二四～二六ページ）

愚禿　「最後のバッター」で三振して、「やってしまった……」とかなり落ちこんだとき、どんなことを考えていたのかな？

大作　見逃しの三振だったから、バットを振ればよ

少年野球の練習に励む大作

かったと、後悔ばかりしていました。

愚禿　えっ、後悔はそこなんだ（笑）。ところで、試合の三振は親に言ったようだけど、いじめを受けたことを言わなかった理由は？

大作　関東大会は準優勝でしたが、全国大会への出場決定を喜んでいた親に、その場でいじめのことはとても言えなかったですね。

愚禿　みんなから「しかと」され、精神的に疲れて「死にたい」と思ったとき、何が自分の支えになったのかな？

大作　ただ、死ぬ勇気がなかっただけです。マンションの屋上から飛び下りようとしましたが、その一歩が出なかったことを覚えています。「嫌だな、嫌だな」と考えるだけで、何か行動するわけでもなく、日々ふて寝をしているだけだったような感じです。

愚禿　小学校でいじめを受けているとき、どんなことを考えていたのかな？

大作　小学生のころは、正直なところ、なぜいじめられるのか意味が分からなかったです。たまに学校に行き、久々に友達と会って遊ぶと楽しかったことは覚えていますが、数人の力をもっている子どもからの命令で、仲がよかったと思っていた子どももいじめる側に回ってしまうことがよくありました。

なぜそうなるのか、よく分からなかった。誰かに相談すると、相談したことがいじめている奴に伝わる。すると、またいじめられる。今思えば、裏切っている奴も自分を守るために必死だったのかもしれませんね。でも、これが、人を信じられなくなるきっかけになってしまいました。

愚禿　いじめに苦しんでいる子どもがいたら、どんな言葉をかけてあげたい？　それから、いじめを断ち切るためにはどうすればいいんだろうか？

大作　自分も苦しい思いをしたので、まずは辛さを共有したいですね。守ってあげたいし、解決の手伝いをしていきたいと思います。ただ、いじめは子どもにとっては楽しさの延長でもあるので、人の痛みが感じられるようにならないかぎりなくならないと思います。

愚禿　いじめられているとき、何が一番辛いと感じたの？

大作　初めは、無視されることが本当に辛かった。精神的に追いこまれるから。子どものころは、無視をされるよりは、殴られてかまってくれているほうがよいと思っていました。でも、不良グループに入って本当の暴力を味わうと、その痛さや怖さはまったく別物でした。やられるのは本当に嫌だ、と思うようになりました。それが理由で、強さの上下関係を強く意識しはじめるようになったと思います。

愚禿　無視されることや本当の暴力を味わったことで、自分のなかで変わっていったものって何だろう。強さの上下関係を意識するとはどういうことなのかな？

大作　いつも、弱い者やちょっと変わった人がいじめの対象になります。無視は心に対する暴力ですが、ケンカは負けを認めたらおしまいだから、力加減もないくらい本気になりましたね。ものすごく痛い急所を、わざと狙うということもありました。それぞれにプライドや抱えているものがあるから、必死なんでしょうね。

そして次第に、あいつは俺よりも強い、あいつになら勝てるなど、ケンカの勝ち負けという見方しかできなくなっていきました。気が付くと、いじめられないためにいじめる側に立つようになっていました。楽しさもあったのでしょうが、本気で反抗してくる奴は自分と重なってしまい、いじめなくなったような気がします。

愚禿　本気で抵抗してくる奴をいじめなくなった理由は？　逆に、抵抗してこない奴をいじめ続けたのはなぜ？

大作　「嫌だ」と意思表示できる奴には共感できたように思います。意思表示ができない奴には、抵抗しないことに腹が立っていたのかもしれません。だから、いじめられたときに「嫌だ」と意思表示ができないと、いじめはいつまでも終わらないと思っています。

✽「不登校」について

――　大（大作）は道が歩けなくなったのよ。悪いことしてないから堂々としなさいって言っても、歩けなかったじゃない。家にいても学校の鐘が聞こえてきて、「一時間目が終わった」、「三時間目がはじまった」と言って、その鐘が聞きたくなくて昼間は寝ていたでしょ。

　玄関を開けたら、大がいて一人でぶつぶつ言っているので、「何しているの?」と聞いたら、「写真を見て、友達の顔を忘れないように名前を呼んでいるんだ」と言っている大の背中がショックだったのよ。(二七ページ)

愚禿　少年野球の試合で三振して、負けたことからいじめを受けるようになり、不登校になったわけだよね。そのとき、どんな気持ちになっていたのかな?
大作　小学校に行けなくなり、何もすることがなく、暇だったことを覚えています。最初は通えないことに罪悪感があり、情けなく感じましたが、行きたくても体が動きませんでした。不思議なことに、学校に行こうとすると体が動かなくなるんです。
　不登校の子どもは、そうなることが多いと思いますよ。勉強は嫌いでしたが、学校が嫌なわけではなかったと思います。友達と遊ぶことは好きだったから、毎日学校に通えないことがとても辛かったです。
愚禿　お母さんの手紙を読んだとき、当時を振り返って何を感じたの?
大作　親も悩んでいたんだと思いました。いじめを受けて自分自身の辛さだけを考えていましたが、親も同じように悩み、数十年が経っているのに覚えているんだと思いました。

愚禿　「友達の顔を忘れないように名前を呼んでいるんだ」といった大作の言葉にお母さんはショックを受けたようだけど、そのとき、どのような気持ちで友達の名前を呼んでいたのか覚えている？

大作　正直なところ、あまりよく覚えていません。母親からの手紙を見て思い出しました。学校に通えなくなり、友達がいなくなってしまうと不安に思っていたような気がします。

愚禿　もし、不登校の子どもがいたら、どのような言葉をかけてあげたいと今は思っている？

大作　なぜ学校に通えないのか、その理由をうまく言えない子どもがいると思いますが、寄り添いながら丁寧にその理由を聞きますね。理由を話せるようになるまでには時間がかかるかもしれませんが、まずは寄り添うことが大事だと思います。

不登校の問題を論ずるとき、教育評論家や専門家が「なぜ通えないのか」の理由探しや「こうしたほうがいい」といった対応策を語っていますが、自分には違和感があります。無理やり理由を探して、対応策に結びつけるのはおかしくないですか！　理由探しや対応策を論ずる前に、まずは一人ひとりにしっかりと寄り添うことが大切だと思います。それが、どれだけできているんでしょうか。

愚禿　もし、大作の子どもが不登校になったら、親としてどうするだろうか？

大作　実際、娘が小学六年生のときに東京都から千葉県に転校して、不登校気味になりました。いじめのようなからかいや、学年主任の態度などが原因でした。

最初は登校を促し、少し厳しめに後押しをしました。ところが、娘に身体症状の「嘔吐」が出るようになったので学校を休ませることにしました。その後は、担任と連絡を取りながら、徐々にですが、登校できるようになりました。

自分の子どもではなく、施設の子どもならばもっと強く学校に抗議したかもしれません。妻と話し合い、どこまで学校に強く言うかで悩みました。子ども自身にも、「あまり学校で騒ぎにしたくない」という思いがあったので、それを大切にしながら前に進みました。

結局は、子ども自身がその状況を乗り越えたと思います。そんなこともあって、今は無理をして学校に行かせるのではなく、寄り添いながら登校の障害になっているものを解決していくことが大切だと考えています。

愚禿　今、不登校の子どもが増加していることが大きな社会問題になっているけど、この現状をどのように思っているのかな？

大作　今言ったように「無理して学校に行かなくてもよい」という考え方がありますが、「行かなくてもよい」という段階で終わっているように思います。「行かなくてもよい」から「なぜ行けなくなったのか？」、「行かない理由は何か？」、「何が障害で、何を乗り越えなければばいけないのか」、「誰がどのようにかかわり、支援していくのか」、そこまで考える必要があるんじゃないでしょうか。

支援する側の大人たちが、不登校の理由探しや問題の押し付けあいをしているようでは意味がありません。子どもの身近にいる大人の対応が何よりも大切です。誰がどのように寄り添っていくのか、支援の連続性があまり感じられません。

学校が嫌い、勉強はいやだ、人付き合いが苦手、そのような子どもたちには、根本的に学校に行くのが楽しくなるための工夫が必要だと思います。

愚禿　ほかにも、不登校の誘因になると感じていることはある？

大作　クラスの人数が多すぎると思います。児童養護施設では、子どもの数に対する職員数が増えています。数年前までは子ども六人に対して職員は一人でしたが、現在は四対一になっています。現実問題として、人材の確保は大変かもしれませんが、学校もクラスの人数をもっと減らすべきだと思います。

療育界では、「普通学級で頑張るなら、あの学校はクラスの人数が少ないから丁寧に教えてもらえる」などの声を耳にします。しかし、同じ学年にクラスが一つしかない場合は、うまく馴染めないとずっと同じクラスになるのでデメリットになります。

複数のクラス編成ができる学校であれば、少人数にしてクラス数を増やせばよいと思います。

支援学級を選ぶのは、少人数で、個別の対応ができるからというメリットがあるからでしょう。だから、普通学級も人数を減らして、手厚い支援をすれば不登校は減ると思いますよ。

愚禿　少し話は変わるけど、NPO法人「育て上げネット」の執行役員である井村良英さんが、不登校経験のある高校生たちを対象にした「私達が話す、過去と今の話」というイベントを開催したときに作成した冊子（写真参照）があるんだけど、そのなかに、高校生一同として、大人に向けた言葉が記されていたので紹介したい。

不登校経験がある高校生が作成した冊子

・どうか不登校の子どもたちの現状を知ってください。
・不登校経験はどれも同じ経験ではなく、十人十色様々な経験をしています。
・理解する前に、受け入れてあげてください。大人が分からなかったり、気づけなかった気持ちがきっとそこにはあるはずです。

これを読んだとき、大作が言いたいことと見事に重なっているように感じたけど、どうだろうか？　この大人たちへの呼びかけを大作はどのように感じる？

大作　そのとおりですね。一人ひとりの理由が違うので対応も違うと思います。そのときの、大人のかかわり方の違いも大切だと思います。

うまく言えませんが、先生たちも同じ失敗を繰り返しているように感じます。不登校になる子どもの理由は一人ひとり違います。しかし、すべてが違うわけではなく似たようなところもありますし、対応できていた部分もあるように感じます。また、不登校になりそうな子どもへの支援についても工夫をしていくべきだと思います。

愚禿　学校では、先生たちの失敗が活かされていないいってことだよね。どうしてだろうか？

大作　そうですね……。話が少しずれるかもしれませんが、自分も養育のなかでの失敗経験があります。児童の不適応行動があり、退所させてしまうときですが、児童に「ここでの生活ができなくなったと伝える」ことは職員としてもしんどい作業です。そんな経験をしたときほど、自らの振り返りをすることが大切だと感じています。

愚禿　施設から「退所」させるというのは、学校で言えば「退学」だよね。

大作　そうです。施設にいられなくなることです。なので、「たられば」かもしれませんが、「あのときはこうしておけばよかった。あの指導はまちがっていた」などといつも反省ばかりです。

対象となった児童へのやり直しはできませんが、似たような児童は施設にいます。もちろん、その児童も同じ状況ではありませんが、「そうなる要素があると感じている」なら、後悔しないように、失敗から学んだことをその児童に対してするべきではないかと思っています。それが積み重なって、職員の経験知になっていくと思います。

愚禿　そうか……。でも、学校では、退学した生徒の失敗から学ぼうとする姿勢が乏しいように感じるな。「低学力」や「怠惰」など、生徒の自己責任ですませてしまって、退学したことによる教訓みたいなものが教員の経験知として積みあがっていないように感じる。

大作　学校はそうなんですか？　自分は、これまでの経験から、できることはすべてやろうという考えに至りましたね。やってみて、必要がなければやめればいいという考え方です。

　精神科や療育に子どもを通わせるのも一緒です。ある精神科医に、「精神科の受診を判断する問題行動のレベルは何か」と質問したことがあります。精神科医からの答えは次のようなものでした。

「施設で養育をしている職員はプロです。そのプロが精神科に通うことが必要だと感じたなら、その時点が通院するときとなるのは間違いではありません、連れてきてください。診断します」

　そのころから、自分のなかで一つの答えが出ました。必要と感じたら利用する。利用した先で必要でないということならやめればよい。あとで、あのときにこうしていればよかったという後悔はしたくありません。利用したほうがよいのに、その機会を奪ってしまうことは子どもにとって不利益である、と考えるようになりました。

「そうなる要素があると感じている」と思うことは、ある児童が問題を起こすと気付いている状態です。それは、児童の「見立て」をしていることであると気付きました。

愚禿　子どもが「問題を起こしそうだ」と感じているときが「見立て」であるという大作の気付きは、学校でもすごく参考になる。本書を通して、学校の先生や支援者に伝えていきたいことの一つだね。

✿「家族」について

中学一年生の一〇月五日、おふくろに、新宿にある一時保護（児童相談所）のなかでもとくに厳しいところに連れていかれた。そこには、「悪さ」をしてきたやつらがいっぱいいた。そこから、教護院や養護施設に送られることが多い。そのなかに入ったとき、「親に捨てられた」と思って、恨んでしまった。（二九ページ）

（中略）

一一月二八日、千葉県にある児童養護施設に送られた。毎日、日記を書いていたが、「僕はいつ東京に帰れるのか」と書いたとき、「中学校卒業までは帰れない」みたいなことを職員に

書かれて、自分が置かれている現実を思い知った。（二九〜三〇ページ）

（中略）

——おふくろと大ゲンカになった。

おふくろが湯飲みを投げてきた。おふくろは「自分にあたらないように投げた」と言っていたが、反射的にそれをよけた自分は、おふくろを殴り、蹴ってしまった。おふくろはそのまま失神して、救急車で運ばれていった。（三四ページ）

（中略）

中学校の卒業式の日、腸閉塞で入院していた親父がパジャマ姿で来てくれた。いろいろあったけれど、何とか中学校は卒業することができた。卒業式の最後、親父とおふくろ、そして担任と生活指導の先生、四人ともが泣いていた姿を覚えている。（三五ページ）

愚禿　「親に捨てられた」と恨んでしまったと書いていたけど、児童相談所や児童養護施設に送られたときの気持ちを教えてもらえるかな。

大作　児童相談所の一時保護中は、家に帰れるものだと思っていました。その当時は養護施設のことをまったく理解していなかったと思います。警察に捕まれば少年院に行くが、捕まっていない自分は家に帰れると思っていました。しかし、家に帰れない現実を知ってショックでした。

児童相談所の一時保護中のことですが、このままここにいたら施設に送られる、脱走して捕まれば鑑別所になる、鑑別所は二週間で出られて家に帰れる、施設に行けば長くなるなど、仲間内のうわさがあり、一時保護所を抜けだそうとしました。でも、結局は脱走する前に見つかって反省生活（二九ページ参照）になってしまいました。反省生活中に鑑別所に行けば教護院送致の可能性があり、家には帰れない現実を知ることになりました。

愚禿　大作の暴力で母親が失神して救急搬送されたとき、何を思ったのかを知りたいなー。

大作　ただ、「やってしまった」と思い、頭が真っ白で、何も考えていなかったように思います。

愚禿　ただ頭が真っ白だった、ってこと？　では、中学校の卒業式で、両親、担任、生活指導の先生がみんな泣いている姿を見て何を感じたのか、それも知りたい。

大作　とりあえず卒業したんだなと思い、明日も仕事だと思っていました。そのころは、周りの人のことを考える余裕がなかったのかもしれません。

愚禿　そうか、自分のことで精いっぱいで、ほかの人のことを考えるだけの余裕がなかったってことだね。今は、親のことについてどのように思っているの？

大作　今でもうまく表現することができません。小学生のころにいじめられて、そのことを親に話せない自分、施設に入るときの親への思い、施設のなかのことを親に話せなかった自分、離婚して借金があり、親が「帰ってこい」と言っていたにもかかわらず意地を張って帰らなかったことなど、親に対するさまざまな思いがあります。親に対して意地を張るという姿勢が、体にしみ込んでいたのかもしれません。

愚禿　自分が親になって、親を思う気持ちが変わったのかな？

大作　大きくは変わっていませんが、自分が親になって初めて、家族を養うことや当たり前の生活をさせることがいかに大変なことなのかと実感しています。また、自分よりも妻や娘たちを優先することが多くなりましたね。幸せなことだと思います。両親も同じような思いをしていたように感じます。

愚禿　ところで、大作は、どういう親になりたいと思っているの？

大作　子どもの支援者であり続けたいですね。できているかどうかは分かりませんが、子ども自身にあった育て方をしていきたい。自分は、家族をもつことが夢でした。いじめられているころや不良の世界にいたころから人に裏切

大作家族の写真

られているから。親に捨てられたと思ったことも確かにありましたが、裏切られたとは思っていません。自分を裏切らない家族に憧れたのでしょうね。

今は、妻が自分にとってのよき理解者です。妻とは専門学校で知りあったんですが、自身の夢を諦めて福岡までついて来てくれました。最初の数年は別の仕事をしていましたが、施設の児童を自宅に外泊させているうちに児童支援に理解を示しはじめ、養護施設で一緒に働き、自分を支えてくれるようになりました。お互い保育士ですから、意見がぶつかることもありますが、目指している先は一緒です。

自分が苦手にしている文章なども、よく教えてもらっています。現在は違う職場になっていますが、よき理解者です。四回ほど流産を経験し、悲しい思いもしましたが、二人の娘に恵まれて自分の家族ができました。

愚禿　信頼できる奥さんや家族ができて本当によかったね。ところで、親に捨てられることと裏切られることでは、どこが違うんだろうか？

大作　施設に入るときは捨てられたと思いましたが、今考えれば、捨てられたわけではありません。裏切りは信頼をなくしてしまいます。親への信頼がなくなることはありませんでした。親からの愛情があったからだと思います。愛情があれば、裏切とは感じないのではないでしょうか……すみません、うまく表現できません。

愚禿　施設の生活において、「家族」を意識させることにこだわった理由は何だろうか？

大作　自分自身が家族を大切に思っているからだと思います。職員は、どんなに頑張っても親にはなれませんし、なってはいけないと思います。親代わりだからこそ大切なのです。

大舎制《たいしゃせい》の生活は集団生活であり、頼れる大人はいますが親ではありません（六〇ページ参照）。家族や家庭を知らない子どもがたくさんいるのを見て、「家族や家庭」というものを経験させてあげたいと思いました。

自分が施設に入所していたときの部屋担当だった職員が夫婦で、当時一歳ぐらいの実子の面倒を見ながら一緒に施設で過ごしたという記憶があります。このことが、施設において「家族や家庭」を経験させることの原点になっていると思います。

福岡の施設にいたときですが、妊娠していた妻に関するエピソードを紹介します。節分の恵方巻を食べるとき、ある高校生が「丈夫な子どもが産まれますように」と願をかけてくれたのです。あいにくと、その子どもは流産してしまいましたが、願をかけてくれたことは嬉しかったですし、流産の報告をしたときの高校生の悲しい顔は今でも忘れられません。血はつながっていなくても、家族の出来事だったと思っています。

愚禿　最近は、社会的養育につながらなくても、「家がしんどい」と感じる子どもが増えている。「家族」のもつ力について、大作はどのように思っているのだろうか？

大作　本来なら、支えあう絶対的な存在だと思います。でも、施設に入所してくる子どもの家族は壊れていることが多いです。その影響で心に傷がある子どもとかかわる場合、家族のもつ力の怖さを感じることもあります。

✽「児童養護施設」について

本来なら、施設に入ってから三か月間は親との面会ができないのに、東京にいる先輩が事件を起こしてしまい、その話をするために親が面会に来た。親の顔を見ると、急に東京が恋しくなった。ちょうどこのころから施設の先輩からいじめを受けるようになっていたので、このままだと昔みたいにまたひどいいじめに遭ってしまうと心配になり、しばらくしてから脱走した。

勝手に戻ってきたことを、親はとても心配した。姉に施設でのことを話したら少しすっきりして、また「頑張ろう」と思えるようになった。それから二、三日して、親と一緒に施設に戻された。（三〇ページ）

（中略）

ある晩、施設を抜けだし、駄菓子屋の外にあるゲーム機械を壊して、その中にあったお金を盗んでしまった。施設に連絡が入り、先生に見つかってしまう。言うまでもなく、学園で

──の居場所がなくなったので、再び脱走した。（三〇ページ）

愚禿　大作にとって、「児童養護施設」とはどのような場所なの？

大作　人生で一番辛かった場所であり、自分がこれから生きていく世界でもあります。時代、時代で入所児童の特徴は変わってきているし、支援方針も変わっています。また、施設自体にもそれぞれの特徴があります。

愚禿　施設での生活で、一番辛いと思ったことは何かな？

大作　一番は、家族と離れることですね。次は、集団生活におけるルールの厳しさです。当時は非行傾向の児童が多かったため、力関係におけるいざこざへの対応や気遣いが嫌でした。また、いつ帰れるか分からない見通しのなさから、いら立つこともたくさんありました。

愚禿　一番辛い思いをした場所で仕事をすることを選んだ理由は？

大作　そこが「差別」を忘れない場所である、と考えたからです。また、親が施設に入所させたことを数十年経った今も悔やんで下を向いているので、その施設で働いている自分の姿を見せたいと思ったからです。さらにいえば、自分がほかの施設にも影響を与えられるような存在になりたいと考えたからです。

愚禿　施設に影響を与えられる存在とはどういうことかな？

大作　現在、それに向けて奮闘中ですが、施設で自分がお世話になった恩師のような存在になりたいと思っています。恩師がやっていたことはなかなか真似できませんが、施設のために、少しでも「大作色」が出せればいいなと思っています。

愚禿　福岡の施設では、住みこみで働いていたよね。それはどうして？

大作　福岡の施設では幼児ブロックを経験しました。そのとき、退勤の際に「お疲れさまです」、「お先に失礼します」という挨拶を職員同士ですると、子どもから「帰らないでもっといて」と言われたのです。こうした別れのたびに複雑な感情が沸き起こり、心を痛めていました。「お疲れさまです」から「行ってきます」に言い換えたこともありましたが、心の中では、それならばここに住んでしまえばいい、という思いがありました。こうした経緯もあって、丁度、施設の建て替えを機に施設内に住みこむことにしました。楽しさもありましたが、やはり大変でした。

愚禿　それならばここに住んでしまえばいい、という思いはどこから来ているのかな？

大作　やはり仕事場であるため、通いか住みこみかは、大人の都合が優先すると考えていました。しかし、施設における職員像のモデルが先ほど述べた自分の恩師だったため、その恩師と同じく、家族で施設内での住みこみをしたいと思ったのです。
　住みこみでなかったころ、施設内に自分のロッカーがあるのですが、その中に着替えや風呂の道具をしまっていました。あるとき、児童から「だいさくパパのいえはあそこ」と言われたことがあります。「だいさくパパ」は施設のなかにあるロッカーに帰ってほしい、子ども心にそう思っていたのかもしれませんね。

実は、施設の方針で、入職一年目は施設での住みこみが条件となっていました。その理由は、施設に住みこむことで児童の気持を理解するというものでした。しかし、自分には妻がいたため、初めから住みこみとはなりませんでしたが、当時から、いつかは住みこみをすると心に決めていました。

✿「差別」について

最初のころは部落のことはまったく分からないし、横で聞いていると、いじめられたやつらが集まって、いじめられたときのことを話しているという、「弱いもんの仲良しこよし」にしか思えなかった。それでも、部落研には毎回顔を出すようになった。

部落研のことを、家に帰ってから親戚の人に話した。親戚の人から、「中途半端にそういうことを覚えると、逆にお前が差別するようになってしまうぞ」と言われたのだが、確かに「そうだなあ」と思った。

そのころはとび職の仕事をしていたが、建築現場のなかにはいろいろな差別があり、その

なかで生活をしていた自分も、知らず知らずのうちに差別をする人間になっていたように思う。（四三〜四四ページ）

愚禿　なぜ、「差別」を意識するようになったんだろう？

大作　定時制高校に入るまでは「差別」のことは何も分かっていませんでした。学校の部落研に入ったことがきっかけで、自分が児童養護施設に入所していたことが理由で「差別」を受けていたのかもしれないと思うようになりました。

でも……強さにこだわっていた自分は、その「差別」すらも自慢に思っていた部分があったでしょうね。

愚禿　強さにこだわることで、「差別」を感じなかったということかな？

大作　「差別」を受けていたと思いますが、粋がっていた自分は「悪さをして施設に送られたことで箔がついた」と感じていたのかもしれません。周りからは、「施設に入った子」、「あの子は悪い子」のように思われていたと感じていましたし、実際、「あの子と遊んではいけない、かかわったらだめ」といった声も聞こえてきました。

愚禿　今、「差別」のことをどのように考えているのかな？

大作　今も「差別」のことは正直よく分かりません。部落研のなかで「部落差別・朝鮮人差別」

の話はよく出ていましたが、自分は当てはまらないと思っていました。「いじめ」などは経験してきましたが、それが「差別」に当てはまるのかということは分かりません。「差別」されている当事者から話を聞くと共感できる部分もありますが、そもそも、人に知られたくない根っこの部分を話す人は少ないでしょう。

実際、世の中には「差別」があるし、なくなっていかないのも現実です。そして、施設や里親家庭にいる子どもは、大小関係なく「差別」を受けているというのも現実です。社会や学校などでは「差別」はないことが建前となっていますが、「差別」を受けていることを前提にして、支援者は子どもが生活している環境の理解をしなくてはならないと思っています。

✼「部落研」について

ある日のこと、学校に被差別部落出身の人が講演に来た。小さいころよく親父が、「うちの部落はどうたらこうたら……」という話をしていたことを思い出した。先生たちに尋ねたら、「一度親に聞いてみたら」と言われたので親に尋ねたところ、「かつて横浜で世話になっていた人から、ここは差別されていない部落だと言われた」みたいな話を先生にしたとき、ちょうど同じクラスの生徒が部落研に誘われていたこともあって、「俺も行っていいかなあ」と尋ねると、「いいぞ」と言ってくれたので、それから部落研に出入りするようになった。（四三ページ）

愚禿　大作にとって、「部落研」とはどのような場所だったのかな？

大作　自分自身を見つめられた場所です。差別問題を通して、自分の抱えてきた闇の部分を見つめることができました。正直言って触れられたくない部分でもあり、しんどさを感じながらも先生たちはよくかかわってくれました。それによって「強さ・粋がり」へのこだわりをなくすことができました。本当の強さとは何かを考えるきっかけになったのかもしれません。

何年か振りに自分が入所していた施設を見学に行ったとき、自分がいたころに幼児だった少年と再会しました。たまたま風邪を引いて学校を休んでいたんです。決してケンカが強そうではないのに……「自分は嫌で、すぐに逃げだした施設に何年もいるこいつは凄い、強い」と思ってしまいました。

自分のなかで、強さのイメージが変わった瞬間のように思います。こんな厳しい環境のなかでずっと生活している少年から本当の強さを感じ、自分の「強さ・粋がり」へのこだわりを改めるきっかけになったような気がします。

愚禿　触れられたくない部分のしんどさを感じながらも、教員がかかわってくれたことで「強さ・粋がり」へのこだわりをなくすことができた理由は？

大作　言葉ではうまく言えませんが、何度か真剣に過去を振り返り、自分史を完成させたことで粋がって生きるのが面倒くさくなったのかもしれません。何か、すっきりしたように感じました。過去を振り返る際、先生が話を聞きながら質問したり、とことん自分に寄り添ってくれたことがとても大きかったと思っています。

愚禿　大作の考える「本当の強さ」とは何だろう？

大作　何かに向かっていく心の強さ、生きていく強さですかね。それと関係あるのかどうか分かりませんが、柔道の上達でケンカではない強さを身につけることができ、「自分がこだわっていた強さ」ではない「強さ」を知ったのかもしれません。

それまでの自分は、弱ければいじめられるという思いや、負ければまたやられるといった思いで必死に相手のことをやっつけていたし、逆にやられてもいました。もちろん、時には逃げることもありましたが、逃げるにしても、引っ越しなどで金もかかりますしね（笑）。

ちょうどそのころ、総合格闘技が流行っていて、柔道の出身者が強かったんです。その柔道で自分が成長できたこと、それが自信になったのかもしれません。結局、柔道をやったことで、施設で何年も生活を続けていた少年に感じた強さ、それが本当の強さではないかと改めて感じることになったわけです。

✽「柔道」について

――「柔道における座礼で手をつく。そのついた手が三角を形どる。その三角形が『心・技・体』

を表し、その真ん中に自分がいる」
自分自身、子どもと向きあううえにおいては、この考えが当てはまると思っている。まず、「心」は子どもに対しての想い、そして厳しい生い立ちに向きあう職員の覚悟である。そして「技」とは、生い立ちから子どもを見立て、言葉を選んで「種をまく」技術である。最後の「体」とは、職員が自らの身体を整える力、心身ともに健康であること、そしてそれに気付ける力の習得となる。「心・技・体」のどれもが欠けていない状態でこそ、子どもと向きあえるのではないかと考えている。（八六ページ）

愚禿　柔道の話が出てきたね。そういえば、大作との出会いも柔道の全国大会だった。大作にとって、柔道とはどのようなスポーツなの？

大作　ルールや礼儀のある戦い。強さへのこだわりがあった自分にとって、楽しいと思えるスポーツでした。野球で失敗した自分は集団スポーツに対する苦手意識があり、個人スポーツを好んだのかもしれません。

また、定時制に入るきっかけになったのも柔道の先生がいたからで、柔道の道に入りやすかったのでしょう。それに、強さへのこだわりがあった自分には、段位に対するあこがれがあったように思います。

愚禿　柔道に出合えてよかったことは？

大作　柔道の先生方との出会いや仲間ができたことですね。そして、「枠がり」へのこだわりがなくなっていったことです。柔道の先生方の人間性にひかれた部分が大きいと思います。定時制の先生たちの生徒に対するかかわり方は、今まで自分が知っている先生たちとは違って、真剣さがあったように思います。

愚禿　どこが違っていたんだろう。何が真剣だったんだろうか、具体的に教えてほしい。

大作　定時制通信制高校の柔道大会などで会う先生たちが定時制の生徒とかかわることで、先生の様子が変わっていくのが不思議でした。たとえば、全日制から定時制に異動してきた先生の場合、最初は定時制の生徒などを相手にしない感じだったのが、柔道の稽古を通して次第に定時制の生徒を理解していくんです。先生自身が変わっていく様子を見て、面白く感じましたね。

愚禿　定時制の先生の人間性や生徒とのかかわり方で、印象深いエピソードがあったら教えてほしいな。

一本勝ちした大作（2001年）

大作　たとえば、先生が自分の目の前に立ち、正面から話を聞いてくれるところですね。今までは、そんな先生は少なかったように感じます。中学生のころ、友人の保護者から「当時の担任がもっとしっかりしていたら大作は施設に入っていない」といった話を聞いたことがありました。たぶん、正面からしっかりと自分を受け止めてくれる先生ではなかったのでしょう。手のかかる生徒は排除したかったのかな？（笑）

定時制の柔道の先生は、給食の時間に一人で食べていると、隣に来て仕事の話を聞いてきたり、一緒に簿記の資格を取る授業に参加してくれたりと、親しみを感じました。うまく言えませんが、勝手に人の人生に触れてくるところをウザイと思たっときもありましたが、「思い」の強さだけは感じました。

愚禿　定時制に異動してきた先生たちは、具体的にどのように変わっていったのかな？

大作が通った東京都立荒川商業高等学校。2022 年 3 月 31 日に閉校し、東京都立小台橋高等学校が新設された

大作　全日制から定時制に来たある先生のことですが、練習を休む生徒に対して、定時制の柔道の先生たちが「なぜ練習に来ないのか」と問い詰めないことに疑問をもっていたようです。その先生が生徒の職場を見学して、学校に来る前に生徒がどのような生活を送っているのかを知りました。それからというもの、その先生は練習前に、「今日はどんな仕事をしたの」と生徒に確認し、「疲れていないか？」と声を掛けるようになったのです。

それから、定時制の柔道大会では、自分は他校の生徒ともよく話をしていました。他校の先生が自校の生徒に、「試合前に対戦相手と仲良く話をするな」と指導していたのですが、その先生が大会を重ねると、「大作、あいつにも話をしてやってくれないか」と言ってきたり、大会後、他校の生徒と食事に行くときには、「大作、あいつも誘ってやってくれ」と声をかけてくれるようになりました。

このような感じで先生たちも定時制の生徒のことを理解して、変わっていきました。そういう先生たちから、自分も柔道や礼法などを学び、強さだけではない人間性を学ぶことができたんです。今は、**社会的養護には柔道が必要である**、と考えるようになっています。実際、福岡の施設では子どもたちに柔道を教えていましたし、柔道を通してさまざまなことを伝えられたと思っています。

愚禿　施設における仕事のなかで、柔道をどのように活かしていきたいのかな？

大作　施設の集団生活では、常に大人の取り合いや競争意識によって、「一番」へのこだわりが強い児童が育ちます。それは、集団生活特有の指導をしてきた結果であると自分は思っています。たとえば、何をするにも「一番だね」とか「偉いね」と褒めるのです。その結果、一番へのこだわりが強くなります。そうすると、「褒めてもらいたい」、「誰かを蹴落としてでも自分だけを見てほしい」などといった、職員の取り合いのような競争意識が生まれてしまうんです。うまく言えませんが、そこに、自分が粋がっていたころの力へのこだわりと同じようなものを感じます。

自分には強い選手を育てる指導力はありませんが、自分が思う楽しい柔道を通して、体を動かす楽しさ、試合などの緊張感、ルールの理解、心の強さなど、それまで家庭や施設では味わえなかった経験をさせてあげたいと思っています。

福岡の施設で柔道部を立ちあげたとき、定時制の先生（現在は全日制）だった人から、「学校の授業で使わなくなった柔道衣があるから」と、数十着送っていただいたことがあります。そのおかげで柔道部をつくることができました。専門学校で柔道のサークルを立ちあげたときも、定時制の柔道の先生方が練習場を提供してくれたり、指導に駆けつけてくれたりしました。柔道を通しての人と人との絆は、今でも自分の大きな心の支えになっています。

✲「働くこと」について

横浜ではさまざまな仕事をしたが、結局、落ち着いた先は「とび職」である。朝、駅に迎えが来て、現場に行くという日が続いた。その現場で、親方から「おまえ頑張っているから住みこみでやるか」と言われたので、住みこみで働くようになった。

住みこみ先に行ったら、そこは飯場で、びっくりした。飯場では、夜、寝ると一升瓶が割れる音がするので、またケンカがはじまったと思って、正直とても怖かった。そういえば、みんなは寝るときには、「何かあっちゃいけない」と、枕元に護身用の「シノ」（工具の一種）を置いて寝ていた。（三五〜三六ページ）

愚禿　施設で働く前は「とび職」をやっていたわけだけど、大作にとって「とび職」とは何だったんだろう？

とび職姿の大作

大作　初めて一人前になれた職業ですね。それまでの自分は、仕事をしても中途半端で、人間関係で辞めることが多かったです。借金があり、面倒を見てくれる親方との出会いがきっかけでがむしゃらに働き、仕事を覚えれば給料も上がって仕事の楽しさを感じたんです。

当時は借金もあり、死にたいわけではなかったですが、死んでもいいと思っていたから、「とび職」の高さの怖さは克服できていたような気もします。怖さがないわけではなかったのですが、落ちてもしょうがないと思うことで恐怖から逃れていたんでしょう。でも現在、自分はかなりの高所恐怖症だったと思いますよ（笑）。

また、仕事をして稼いで、美味しいものを食べ、好きなことをして遊んで、あの親方のようになりたいという目標を身近にもてました。とにかく、面白かった。

一つの仕事を覚えると、今まで中途半端にしてきた仕事も理解ができて、自分の世界が広がっていくように感じました。人付き合いが苦手で、そりのあわない職人もたくさんいましたが、気のあう職人も多かったです。大人の世界を感じましたね。

愚禿　「とび職」で一番学んだことは何だろう？

大作　働くことの大切さですね。生活するためには、働かなければ飯が食えない。それから、義理人情の大切さですね。

愚禿　一つの仕事を覚えたことで、今まで中途半端にしてきた仕事も理解ができ、自分の世界が広がったということだけど、具体的にどういうことかな？

大作　一つの仕事を覚えるとは、技術だけでなく「段取り」の仕方を覚えるということになります。答えは一つではなく、やり方はさまざまだし、人に合わせるといったことも身につけることができました。違う仕事でも、それまでとは目線が変わり、理解できていなかったことも「段取り」（仕事の進め方）を考えるようになり、「そうか！」と理解できることが多くなりましたね。

愚禿　それでも、結果として「とび職」に就かなかった一番の理由は？

大作　やはり、施設職員が自分の仕事であると感じたからです。自分なりにがむしゃらに施設の仕事をしてきましたが、気が付くと建築業の経験年数を超えていました。建築業を続ける体力もなくなっていたから、戻ろうとは思わなくなりました。

それから、施設の仕事を数年で投げだしたら、今まで偉そうなことを言っていただけに、恥かしいという思いもあります。いずれにしても、「いつでも建築業には戻れる」という自負があったから、施設の仕事ができたんでしょうね。

愚禿　大作にとって「働く」とはどういうことかな？

大作　お金を稼ぐ手段です。生きていくために必要なことであり、働くことは学びですね。

✤「学ぶこと」について

次の日、暴力を振るった生徒が学校に来ると聞いていたので、学校に乗りこんで、そいつに話をつけるつもりでいた。でも、学校に行ったらその生徒はいなくて、先生と殴られた生徒の親たちとの話し合いとなった。

その話し合いに参加できない自分は、学校内をウロウロしていたら、昨日話をした先生から「飯まだだろ。一緒に給食を食べよう」と言われて、給食を食べた。

親たちの話し合いが終わって帰るとき、その先生に、「本当に高校に入れるの？　自分は字も書けないよ」と聞いたら、「大丈夫だよ、入れるよ。お前みたいな作業服を着て、字が書けない人が定時制高校に来ているんだよ」という答えであった。

このころの自分は、仕事で現場を任されるようにはなっていたが、字が書けないのがずっと嫌だった。漢字とかローマ字を教えてくれていたのが前の嫁さんだったので、別れてからは教えてくれる人がいなくて困っていた。（四〇～四一ページ）

愚禿　中学校を卒業して働いていた大作が、高校に行きたいと思った理由は？

大作　そのころは、がむしゃらにとびの仕事をしていました。技術が身につくと、現場を任されるようになりました。現場では、工程内容を黒板に書き、写真を撮ります。黒板に書く際、字が分からないために書けませんでした。字を覚えたい、書けるようになりたいという思いが常にあり、それが高校に行きたいという気持ちにつながったと思います。

愚禿　二〇歳を過ぎて定時制高校に入り、その後、専門学校にも行くことになるわけだけど、字が書けなかった大作が学び直せた理由は何かな？

大作　定時制の先生たちのおかげで目標がもてたからです。それまでも目標がなかったわけではないですが、専門学校に行って保育士になり、施設職員を目指すことは、想像もできなかった「夢のまた夢」でした。その夢を現実の目標にしてくれたのが定時制の先生たちです。

そして、先生たちが一緒に自分史づくりを応援してくれたことで、言葉を覚え、文章が書けるようになり、学び直すことの自信につながったと思います。

大作が通った上智社会福祉専門学校　© John Paul Antes

愚禿　定時制高校から専門学校に進学したとき、どんなことを感じたの？

大作　今までの自分のなかになかった世界に入っていくような感じがしました。これまで自分がかかわることのなかった人たちとの出会いがとても新鮮でした。勉強は大変だったけど、周囲の助けもあって何とか卒業することができました。勉強はギリギリで、改めて字が書けないことに苦労しましたけどね（笑）。

専門学校の先生から「齊藤君は字が書ければ……思いが強いだけにもったいない」と言われたんで、授業とは別に、小学生の漢字ドリルの宿題を出してもらいました（笑）。

愚禿　保育士の専門学校に行って、一番よかったと思ったことは何だろう？

大作　もちろん、保育士になれたことです。自分一人では資格は取れなかったと思うし、支えられたとも思っています。一番は妻と出会えたことですが、友人ができたことも嬉しいです。

愚禿　字が書けなかった大作が、こうして文章を書けるようになったのはなぜだろう？

大作　この仕事に就いてから書くことが増えていますね。パソコンが変換をしてくれるからできていると思います。今でも、字を書くことには苦手意識がものすごくあります。それでも、妻が支えとなり、日々文章などを教えてもらっています。

愚禿　大作が「自分史」を書いたり、こうして本を出せるようになったのは凄いことだよね。大作にとって、「学ぶ」ということはどういうことかな？

大作　生きることそのものです。何を学ぶかは人それぞれですが、自分はこの養護施設のなかで生きていくわけで、ここには学べるものがたくさんあります。勉強は嫌いですが、学ぶことは好きなのかもしれませんね（笑）。

✻「A君」について

担当した子どもたちのなかに、生後七日で乳児院に入所して、その後、施設で生活している子ども(A)がいた。この子どもはとても気性が激しく、いわゆる「手のかかる児童」であった。そんなAとの出会いは、自分にとってとても衝撃的なものであった。新任の自分にとっては、悪さをする子どもや元気な子どものほうがかかわりやすいと思っていたのだが、それなりに大変であった。また、施設という集団生活の場所ゆえ、一対一でのかかわりがなかなかできないという状態であった。（五三ページ）

愚禿　A君のことについて、詳しく教えてもらえるかな。

大作　「自分史」にも書きましたが、児童養護施設における「思い」を感じるきっかけになった児童です。A君の支援の仕方は本当に悩みました。今思えば、「障がい児の勉強をしたい」、「療育が必要である」と思うきっかけになった児童だと思います。

愚禿　A君との出会いで悩んだこと、そして学んだことはどのような点だろうか？

大作　入職した当初、「児童に言うことを聞かせられる職員が仕事のできる人」という雰囲気がありました。A君は、どの職員でも、気分が乗らなければ言うことを聞かないという児童でした。しかし、自宅に外泊させた際のA君の落ち着き具合に驚いたのと同時に、個別のかかわり方の必要性を強く感じました。それが、それまでのかかわり方を変えるきっかけになりました。

愚禿　具体的にどういうことなのか、教えてほしいな。

大作　たとえば、食事前やおやつの際の手洗いなどの声掛けに反抗して、注意されると癇癪を起こしていたA君に対し、叱るのではなく、「早くすませよう」と一緒に手洗いに行くようにしました。すると癇癪が少なくなり、徐々に手洗いなどの声掛けに対する反抗もなくなっていきました。この経験から、「集団で奪われているもの」や個別のかかわりの大切さを感じたわけです。とはいっても、個別対応の仕方について一職員が声を上げたからといって何も変わらないという職場の組織体制に悩むことにもなりましたが……（笑）。

いずれにしても、A君から学んだことは多く、今でも施設職員としてのあり方について影響を受けています。たとえば、現在は「里親支援専門相談員」として働いていますが、当時A君にも里親の話があり、元教員夫婦にマッチングを行っている最中に不調になりました。そのことで、A君はとても傷ついたんですね。そのときの様子を今でもよく覚えています。里親支援専門相談員としての原点を教えてくれたのもA君となります。

愚禿　A君が里親とのマッチングで不調になるまでの経緯や、そのときのA君の様子についてもう少し詳しく教えてくれるかな。

大作　A君に里親の説明を行い、里親希望者との交流がはじまりました。最初は関係もよく、ほかの児童から「Aのお母さんなの？」と尋ねられると、「そうだよ」と里親が答えてくれる場面もありました。関係もよく、外出、外泊にもつながりました。ところが、移動の際に車のドアを勝手に開けたことや、A君の特性である「聞き分けのなさやこだわり」が徐々に出てきて不調になり、里親委託につながりませんでした。

もちろん、不調になった説明はA君にもしていますが、本人はそれを理解することができず、お別れのけじめができていないと感じていました。案の定、A君は休みのたびに里親を待ち続けました。運動会の日に来る約束があったため、その日は朝からずっと里親の姿を探していました。その姿を見て、大人（児童相談所担当福祉司が説明を担当している）の説明不足に心が痛みました。

愚禿　今、A君と同じような子どもに出会ったら、どのような対応をするだろうか？

大作　A君のような子どもだけではなく、自分が経験して、感じてきたことをすべての子どものために活かしていきたいです。同じ過ちを繰り返さないように経験を活かしたい。でも、そこで問題になるのは、個人的な努力ではどうにもならないという組織の壁です。組織として、支援する大人たちが同じように動けるようなことを考えながら行動していかなければならないと思っています。

愚禿　それは、まさに学校の組織にも言えることだね。教員や支援に入る大人たちが同じ方向を向いて動かないと、子どものために経験やノウハウを活かすことができない。組織の壁って大きいよな。大作の言う「集団で奪われているもの」とは、子どもにとっても、大人にとっても看過できないということだよね。

✲「自分史」について

自分自身も、定時制時代に「自分史」を書いている。過去を振り返ることが嫌だった自分自身を見つめるという作業を、定時制の教員が手伝ってくれたおかげで完成したものである。これがきっかけとなって、自分には夢ができた。「保育士になり、自分が入所していた施設職員になる」、「差別のことを忘れない場所で働く」ということである。

定時制の教員が寄り添ってくれ、自分の生い立ちを整理しながら課題を見つめさせてくれたことで生き方が変わったわけだが、現在では、このような作業が「ＬＳＷ」と呼ばれている。言ってみれば、定時制時代に教員がしてくれたことを、今、自分が施設の子どもたちにして

――いるだけである。（六八～六九ページ）

愚禿 ところで、大作にとって「自分史」とは何かな？

大作 自分の生き方が明確になるきっかけになった作業ですね。自分自身でやったからこそ、その大切さが分かるようになりました。そして、自分一人ではできなかった作業でもあります。定時制の先生の協力があったからこそ、完成できたと思っています。また、それがこの本をつくるきっかけにもなりました。自分にとっては人生の宝ですね。

愚禿 「自分史」を書いた経験から学んだことはどんなことだろう？

大作 粋がりがなくなったことと、この仕事に就けたことですね。その経験から、現在の社会的養護に必要で、一番大事な作業であると考えています。

ただ、そうはいっても、支援側に立つ難しさも感じました。職人のときに、「段取り八分、仕事二分」、つまり準備が一番大切だと教わりました。子どもの養育や自分史の振り返りにとっても、準備すなわち「段取り」が一番大切であると感じています。

愚禿 「自分史」の「段取り」とは、どういうこと？

大作 「自分史」の振り返りでは、「普段からの種まき」が「段取り」に当たる部分だと考えています。たとえば、実親家庭に外泊できる子、できない子がいます。外泊の経験ができない子のために何をするのか？　どのようなかかわり方をするのか？　そのためには、かかわる前の「段取り」が必要になります。

愚禿　たとえば、どのような「段取り」をするのか教えてほしい。

大作　具体的には、担当ユニット内に外泊児童が数人いる場合、残った児童に夕食づくりの行事予定を立てます。そのとき、何のためにこの行事を行うかの「段取り」をしっかりとつけます。人数が少ないので、児童が自分たちで夕食をつくる、外泊している子は家庭を経験しているため、同じように家庭を経験するために職員と一緒につくる、児童と職員の関係を深めるためにつくる、夕食後に家庭の話をするためにつくる、といったことです。

このように、目的はいろいろと考えられますが、その目的達成のための「段取り」をすることが大切になります。そして、夕食づくりの結果、児童にどのような変化が起こったのかまで考えられるようになると、真に子どもたちに寄り添えるのではないかと思っています。こうした「普段からの種まき」が、「自分史」での振り返りのときに効果を発揮するはずです。

愚禿　「普段からの種まき」は、学校教育においても重要だと感じるけど、実際、施設ではどのように取り組んでいるのかな？

大作　施設全体で、組織的に取り組んでいくことが重要です。また、普段の生活のなかで、職員一人ひとりの「種まき」に対する意識が大切です。

すべての職員が児童と真剣にかかわっていれば、結果的に「種まき」を行っていることになります。職員が「種まき」をしているという意識や気付きがあるのか、それが大切ではないかと感じています。

愚禿 では、学校教育における「種まき」は、どのようなものであればいいのかな？

大作 何のために種をまくのか、という目的が大切だと思います。そのためには、生徒との会話が絶対です。学校では、生徒と会話する時間はどのくらいありますか？ 全体的に少ないように感じます。想像ですが、種をまく必要がある生徒に対してこそ、普段の会話が少なくなっていませんか？

愚禿 学校現場としては耳の痛い話だね。もし、学校で「種まき」をするとして、大作なりの具体的なヒントを教えてくれるとありがたいな。

大作 たとえば、「目的が学校への登校」だとします。登校できない理由に、「私生活が不安定」とか「親の離婚」などがあったとします。この場合、「親の離婚」について本人が乗り越えなければ私生活は安定しません。「親の離婚」を掘り下げていけば、両親への思いなど、さまざまなことが出てきます。そこを理解してもらい、乗り越えるためには、子どもの力も必要ですが、大人が寄り添うことが大切ですね。

愚禿 やっぱり、寄り添うことからはじまるってことなのかな？

大作　基本はそうですが、そのために学校生活のなかだけでなく、学校外の生活に意識を向けることも必要でしょう。子どもとの会話からヒントを得るためにどのような種をまくのか、家庭での生活がどうなっているのかという意識が大切になります。

たとえば、学校生活の会話のなかに親の話をどのように入れていくのか、家庭や家族に関連づけてどのような授業をするのか、悩みについて相談できる場所や環境をどのようにつくるのか、状況に応じていろいろあると思います。寄り添いやすくするために、普段から種まきができるだけの関係性を構築することが何よりも大切となります。

愚禿　課題や問題を抱える生徒が多い学校ほど、普段から種まきができる関係性をつくる必要があるってことだね。その点では、行政や教育委員会も、子どもが悩みについて相談できる場所や居場所づくりに力を入れているわけだが、それが機能するかどうかは、現場の教員や支援者がどれだけ種まきができているかってことにかかってくる。

ところが、課題や問題を抱える生徒が多い学校ほど問題行動や保護者の対応に追われてしまい、生徒に寄り添う時間がつくれないことがネックになっている。そうなると、普段から種まきができるぐらいの生徒数のクラスにすることが不可欠なんだろうね。答えはシンプルなのに、それがなかなか進まないところが日本における教育の最大課題だね。

✲「療育」と「養育」について

（前略）児童養護施設の生活に療育を取り入れることは、個人ではなく、あくまでも組織として行うことであるがゆえの難しさを痛感している。
その結果、施設においても、障がいのある子どもたちは「生きづらさ」を抱えたままとなっており、それを解決するためには組織自体が変わっていかなければどうしようもない、という課題が見えてきた。（七四ページ）

愚禿　施設では、「療育」と「養育」をどのように考えているのだろうか？

大作　「療育」を行うためには、もちろん知識も必要ですが、環境も大切です。一番大事なのは、その児童を理解することですね。一人ひとりを理解して、その児童にあった環境をつくることが大切です。
しかし、いくら小規模化、ユニット型になっても、集団生活である以上、児童養護施設という生活のなかに「療育」を取り入れていくことに難しさを感じています。現在、組織として取り組みはじめていますが、浸透するまでにはまだまだ時間がかかるでしょう。

愚禿　「療育」と「養育」を考えるうえで、一番大事になるのが「児童理解」ということだけど、施設における「児童理解」において、一番の障害は何だろうか？

大作　一番障害になっているのは、職員間の理解や経験の違いですね。さらに、各施設の理念や方針にも左右されると思います。

愚禿　不登校や発達障がいなどの増加で、学校においても「療育」と「教育」の両立が重要になっている。学校でも、「児童・生徒理解」において一番の障害といえば、同じように教員間の理解や経験の違いになるね。学校の先生に「児童・生徒理解」を促すために、必要と思われることは何だろうか？

大作　児童養護施設の場合は、入所の際に児童相談所から「児童票」というものが送られてきます。保護された理由やどのような生活をしてきたのか、そして保護者の状況などが記載されています。また、心理判定もあって、ある程度、児童理解ができます。それをもとに、施設ではアセスメントを行って支援方針を決めていきます。学校にどのような生徒の資料があるのか知りませんが、学校生活だけを見るのではなく、その児童・生徒の生い立ちや特性、家庭環境などといった背景を知ることが大切だと思います。

愚禿　「児童票」と同じように、学校でも「支援シート」というのがあって、児童生徒の学習支援、発達支援、移行支援が行われている。とくに、小学校から中学校、中学校から高校への移行時、児童生徒の情報を引き継ぎ、適切な支援を行うために使用されている。ところが、学校現場で「支援シート」が効果的に活用されているとは言えないのが実態だね。とくに、高校においては、入試の公平性などから移行支援が難しく、「支援シート」の活用が進んでいないというのが現状かな。

その原因の一つとして、昔から「適格者主義」（高校教育を受けるに足る適格者のみが高校への進学を許される）という考え方による「生徒理解」の歪みがある。つまり、高校では客観的な学力のみにスポットが当たり、その子どもの家庭環境などといった背景を見ようとする文化が育っていないわけだ。

大作　ひどい言い方かもしれませんが、教員になれる環境で生きてきた先生に、問題を抱えている生徒の気持ちはどこまで理解できるんですか？　同じ経験をしていないから理解できないとは言いませんが、同じ経験をしていないからこその理解の仕方があると思いますね。

愚禿　確かに、そうだよ。大作と同じような経験をしている教員はいないだろうからな（笑）。

大作　そうですよね。自分でも経験してないような虐待環境で育った子どもたちの当たり前をどこまで理解しているのか……子どもたちの経験の壮絶さを想像してほしいです。これからの学校の先生は、普通教育だけでなく、特別支援教育などを積極的に学んでほしいです。

愚禿　そのとおりだと思う。文部科学省も教育委員会も、普通教育のなかで特別支援教育を推進しようとしているが、学校現場ではそれが遅々として進まないというのが現状だね。それは、大作の言うように、教員の「当事者」意識や想像力が足りないってことかもしれない。

大作　自分のなかでは、施設職員はどんなに頑張っても親にはなれません。親代わりだからこそ、できる部分があると思っています。その理由は、実の親に対して児童自身が向きあわなければならないからです。だから、施設職員が親になることはありませんし、なってはいけないのです。また、私たちは税金から給料をもらっています。子どもを養育することが仕事で、そのための責任があります。この事実を忘れてはいけないと思います。

恩師からも、この話はされます。福岡時代、住みこみで働いていると日々生活していることが当たり前になり、仕事ということを忘れがちでした。妻から「仕事だよ」と言われ、「仕事だな」と気付かされることが何度かありました。

学校の先生は、生徒にとっての何になりたいのか？　何を目指しているのか？　それを明確にしていくことが必要なんじゃないですかね。

愚禿　その質問、ど真ん中の直球だよ。ただ勉強を教えるだけの大人なのか、子どもを未来に導く大人なのかって、ことだよね。ただ、現場の先生を庇うわけではないけれど、今の学校は超多忙で、やることが多すぎる。だから、体を壊さないようにするために、教育者である前に「生活者の顔」が出てしまっているように思える。

大作　自分たちが相手にしているのは子どもです。もちろん、暴力は論外ですが、大人と子どもの力の差は明確です。そのなかにいると、「自分は強い」といった勘違いが起こりやすく、言い方は悪いですが、「粋《いき》がった職員」になりやすいんです。自分のことが優先され、子どもに寄り添わない職員です。そういう職員は、必ず問題を起こしますね。そうならないために、「羊飼いのようになっていないか」とか「子どものことを考えているのか」と、日々意識をすることが大切なんです。

学校の先生のなかにもいませんか？　教員も、子ども相手の仕事であるため、忘れてはならないことかもしれませんね。

愚禿　耳が痛いな……大作の言うとおり！　教員は生徒の成績をつける立場にあるから、子どもから見れば強い立場にある。知らず知らずのうちに「粋がった先生」になっているのかもしれない。さらに、教員になれる環境で育った先生が、困難な境遇にいる生徒のことを理解するのは難しいだろうね。周りと同じようにできないこと、やれないことを、努力の足りない「怠惰」や「さぼり」で片づけてしまうかもしれない。

定時制高校へ異動してきた先生が、生徒の働く姿や現実の生活に触れ、先生自身が変わっていくという話があったけど、まさにこのことを物語っているのかもしれないね。

大作　自分の出会った定時制の先生がそうであったように、「生徒理解」というのは、頭の中で生徒を理解しようとするのではなく、生徒のありのままの現実に寄り添うことからはじまると思っています。発達障がいや精神障がいのある児童への対応は、学校においては難しいことでしょうが、生徒一人ひとりの困難に寄り添う先生が多くなることを願っています。

愚禿　そうだよな。学校のなかに福祉的な視点を入れていくには、まだまだ大きな壁があるね。とくに「療育」の内容は必要だけど、学校で理解を得るには時間がかかるよな。

大作　そうですね。施設に入所している児童が生活のなかで行っている「療育」を、学校にどのように引き継いで、連携を図っていくかについては課題が多いでしょうね。自分が知るかぎりでは、どの施設でもまだできていないと思います。今後、学校と合同での研修会などがあるといいかもしれません。近い将来、福祉的養育と学校教育が理解しあえるような時代が来るといいですね。

愚禿　最後に、「療育」とは少し違う視点になるかもしれないけど、NHKの番組で児童養護施設の「アタッチメント（心理的な結びつき）」の取り組みについて取り上げていたので、その話をしたい。その施設では、「アタッチメント」を取り入れたことで子どもの荒れが収まったらしい。子どもにおける「愛着」の問題は、発育・発達にも大きな影響があるそうだね。「アタッチメント」についての大作の考え方を聞かせてほしいな。

大作　自分たち施設職員がアタッチメントの研修でよく聞くのが「ジョン・ボウルビーの愛着理論」です。乳児は、泣き叫ぶ、微笑む、しがみつく、発声するなどといった本能的な行動によって母親を自分に引き寄せ、抱っこされたり、接触することで安心・安全を確保するそうです。これらの本能的な行動が基礎になって母と子どものアタッチメントが形成されるという理論です。

愚禿 ある小学校の校長が言っていたけど、最近は発達障がいというよりは、親との「愛着」の問題でさまざまな困難が生じているケースが多いらしい。基本的な安心感が得られないと、成長に大きな影響が出ても不思議ではないよな。

大作 そうですね。「愛着」は人と人との絆を結ぶ能力で、人格のもっとも土台の部分を支えているものですからね。

愚禿 「療育」では、アタッチメントをどのように考えているのかな?

大作 「療育」では、母親からの愛情ある触覚刺激から生まれる情緒的な安心感が育っていない状態をアタッチメント形成の課題として捉えています。たとえば、触覚に過敏さがあると触れられることが嫌なために人と安心してかかわる力が育ちにくいとか、他者が自分の心の支えになるという経験が積みあがりにくいとか、です。また、情緒が不安定で、ちょっと失敗しただけでパニックになることもあります。逆に、刺激に鈍感な場合は、少し触れだけでは感覚として捉えることができずに、アタッチメントが育ちにくいという面もあります。

愚禿 つまり、母親からの虐待やネグレクトの影響が極めて大きいってことだね。

大作　そのとおりです。家庭内虐待の場合、アタッチメントの対象となるべき親から虐待されるわけですから、虐待行為によるトラウマ（心的外傷）とともに、アタッチメントの対象者を失うという二重苦を体験することになります。虐待体験によってアタッチメントが阻害された子どもの場合、感情を適切に表す能力がうまく育成されず、暴力的な行動に走ったり、ひきこもるといった傾向があります。

愚禿　アタッチメントは母親でないと効果的に育たない、ってことなの？

大作　確かに、母親から適切な愛着を受けるのが理想ですが、母親でなくても、誰でも子どもの状況を知ればアタッチメントは形成されると言われています。それが「療育」の役目でもあるわけで、施設職員でもできるということを学びました。とはいえ、施設の限界もあります。

愚禿　施設の限界とはどういうことかな？

大作　職員は交代制ですから、ずっと子どもと一緒にいるわけではありません。愛着形成を築いていく職員が入れ替わることは、子どもにとっては負担だと思います。家庭では、養育者の入れ替わりはありませんからね。

また、職員は施設において「宿直」や「夜勤」をしますが、そのとき、パジャマに着替えて寝たりはしません。もちろん、入浴の介助もしますが、一緒に裸になって入ることはめったにありません。だから、大人の裸を知らない幼児がたくさんいます。

そんな児童が、愛着を求めて（アタッチメントの形成）、寝かせつけるときなどに職員のシャツの中に手を入れてきたりします。親子なら何の問題もありませんが、施設では、職員を守る意味でも一定のラインを引かざるを得ません。その代わりに、意味のあるハイタッチや頑張れた際のハグなどを意図的に行っています。

ただ、幼児や低学年の「抱っこ」は積極的に行っています。高学年や中高生にも必要かもしれませんが、年齢や成長を考えると身体接触には限界があります。その代わりに、先ほど言ったように、ハイタッチなどを積極的に行っています。このように、「アタッチメント」の重要性については分かっていても、施設においては一線を引く必要があります。

愚禿　確かに、学校ではハグすることは難しい。ハイタッチぐらいがいいところだよ。私は、最近、グータッチをよくしている。これなら、高校生の女子も喜んで受けてくれる。

大作　そうですよね。一線を引いた意味のある「アタッチメント」が大切です。その子に向けた拍手や声掛けなども大切だと思います。

愚禿　家庭虐待の原因に「貧困」や「孤立」が挙げられているけど、「貧困」や「孤立」が広がる社会では、身近にいる大人の「アタッチメント」の重要性がますます高まっているってことだよね。

大作　そうですね。最近は、「家がしんどい」という子どもたちが増えているわけですが、施設や学校には限界があります。それだけに、身近にいる大人が困っている子どもに対して、「アタッチメント」の前提となるような「寄り添う」気持ちや態度を示すことが大切となります。

愚禿　大作、今日はありがとう。おかげで、対岸の火事を語る評論家のうんちくとは違って、日々、火中の栗を拾う当事者による、現実的で説得力のある話が聞けたよ。教育や福祉の問題は、困っている当事者と教員や支援に入る大人、さらには評論家や専門家のギャップが大きい。まずは、本書を世に広めて、これをもとにした学校と施設との研修会をやりたいね。

大作　学校も、施設も、組織で対応する点では同じような課題があります。教員や職員の意識を変えるのは難しいでしょうが、この本を読んでくれた人が応援団になってくれるとうれしいですね！　ありがとうございました。

第3章

大作の輪

本章では、大作と出会った定時制高校の教員たちが発した生《なま》の声を拾いあげていくことにする。大作の生き様から何を感じ、何を学び、そして学校教育に対してどのような疑問をもったのか、それぞれのエピソードから、大作の知られざる魅力に迫っていきたい。それによって、大作の実像がさらにリアルに浮かびあがってくることになるだろう。

とはいえ、大作に出会った教員たちは、初めは誰もがみんな「これは面倒なことになる」と身構えていたにちがいない。

1　こいつはやばそうだ。また、面倒なことになるぞ

（元東京都立高等学校教諭・若林眞）

「齊藤大作、荒川商業高校定時制に入学！」

大作との出会いは、今から約二五年前となる。私は、新規採用として、保健体育科の教員として荒川商業高校定時制に赴任した。テレビドラマの『金八先生』に憧れて教員を志したというのが、正直なところだ（実際は、そんな甘いものではなかったが）。

当時、荒川商業定時制は東京都の同和教育推進校であり、教員のなかには、「入学を希望する者はすべて受け入れ、学校側から生徒を辞めさせることなく卒業まで面倒を見るんだ！」という

「全入無退学」を掲げる先輩教員がいた。言ってみれば、夢のような理想の教育空間である。

もちろん、全員がそうではなかったし、私自身、「そんな理想が実際の教育現場において成り立つのか？」と、心の中で疑問符を抱きながら教員生活を送ることになった。

ちなみにだが、赴任した際、冗談半分だとは思うが、先輩教員から「ネクタイはやめとけ、引っ張られたら首が閉まって危険だから」と言われている。いったい、どんな教員生活がはじまるのかと、心配していたことを覚えている。

このころは、昼間に仕事をして、夕方から夜間に定時制に通うという勤労学生が多くいた時代であるが、その一方で、問題を起こしたり、校則を守れなかったり、不登校が理由で全日制を退学させられたという生徒もたくさんいた。

それだけではない。障がいを抱えている生徒や、精神面において不安を抱えているためにリストカットなどの自傷行為を繰り返す生徒、そして、望まない妊娠を繰り返してしまう生徒などもいた。それぞれが厳しい家庭環境のなか、さまざまな問題を抱えている生徒たちのオンパレードといった様相を示していたというのが、私が勤めていた定時制高校の実態である。

もちろん、社会から何度も見捨てられ、切り捨てられ、辛い思いをしてきたという子どもたちも多かった。彼らにとって学校や教員は、頼れる存在どころか、もっとも信頼できない対象であったのかもしれない。それでも、もがき苦しみながら、ほかに頼る場がないために、「最後の居場所」を求めて荒川商業高校定時制に入学してきたわけである。

全日制高校を卒業し、大学を卒業して教員になった私にとって、定時制の高校生活は想像をはるかに超えるものであった。当然のことながら、生徒たちとの格闘の日々が繰り返されることになった。

実際、鑑別所まで、問題を起こした生徒に勉強の課題を持っていったこともある。また、生徒が警察に捕まったときには、「学校で面倒を見るから、少年院には入れずに保護観察処分にしてくれ」とお願いに行ったこともある。実は、この生徒、普段から問題ばかり起こしていたこともあって、親から「少年院に入ってくれ」と言われ、突き放されていた。

夜中といえる時間に、このような問題を起こした生徒の家に家庭訪問を行ったとき、酔っぱらった父親に怒鳴られたこともある。相手からすれば当然の対応かもしれないが、新任の若い教員からすれば、面食らうことばかりであった。言ってみれば、毎日が「リアル金八先生」であった。

さて、本書の主人公である大作との最初の出会いは、四年間担任を務めて初めての卒業生を送りだし、二巡目の担任として新学期を迎えたときである。そして、すぐに事件が起きた。

一年生で、暴走族のリーダーだった生徒がクラスのなかでいざこざを起こし、二人の生徒がボコボコにされてしまったのだ。とても、「転びました」ではすまない顔に二人ともなっていた。

すぐさま私は、生徒の家まで事情説明とともに謝罪に向かった。夜の一〇時か一一時ごろだったと記憶している。一人の生徒の親はとび職の社長で、生徒二人は、昼間そこで仕事をして、夜になると定時制に通っていた。この会社で、同じくとび職としてお世話になっていたのが齊藤大作であった（四〇ページ参照）。

ボコボコにされた息子の親の隣に、大作がいかつい顔をして座っていた。これが、大作との最初の出会いとなる。お世話になっている社長の息子であり、仕事場の後輩がボコボコにされたのだから、黙って座っているはずがない。

「どうしてくれるんだ！　明日、俺がそいつをボコボコにしてやる！」と、すぐさま息巻いてきた。そのとき、私の頭に浮かんだのは、「こいつはやばそうだ。また、面倒なことになるぞ」という思いだった。

「先生たちは信用できない、俺が明日、仕事のあとに学校へ行って、片を付けてやる！」

実際、次の日、大作が学校に現れた。私を見つけると、「加害者に合わせろ！　俺が片を付けてやる！」と大声で息巻いてきた。幸か不幸か、その日、加害者は学校を欠席していた。

人は、お腹が空いていると短気になるものだ。ひとまず大作を給食室へ連れていき、一緒に給食を食べながら話をすることにした（休んだ生徒の分をいただいた）。これが功を奏したのか、腹を満たして少し落ち着いた大作に、「今日は、加害者の生徒は欠席である」と伝えると、ぱっが悪そうに自分の話をしはじめた。

小学生のころ、いじめの対象になって学校へはほとんど行っていなかったこと。そのため、字を書くことや計算が苦手なこと。いじめられないために悪い奴らと付き合い、悪いことをしていくようになったこと。そして、他人に迷惑をかけ、何回も警察にお世話になっていたことなどを話しだしたのだ。

「いじめられっ子は、自分を守るためにいじめっ子になる」と誰かが言っていたが、まさにそのとおりの人生を送って二〇歳を過ぎていた。

こんな大作、仕事の現場まで電車で行く際にも、字が分からないために入場券で電車に乗り、最寄り駅に着いてから清算していたという。漢字もほとんど書けない。自信をもって書けるのは「齊藤大作」という自分の名前だけだと言うので、紙を渡すと、「齊《さい》の字は難しいんだ」と言いながらしっかりと書いていた。

「できれば、かかわりたくないなあ」と思っていた私だが、大作の話を聞いているうちに、なぜか、「学校はお前のような生徒が来るところだ。もう一度勉強をし直そう。最低限、今の仕事や生活をしていくうえにおいて必要なことを学び直そう！」と言って肩を叩き、握手までしてしまった。飯を食わせて、おとなしく帰ってもらおうと思っていたのに……。

いったい、私は何をしているのだろうか。心の中で、わずかな金八魂がうずいたのか？　いつ爆発するかもしれない荒々しさと、時折見せる寂しげな表情の大作を見て、どこか放っておけないような何かを感じてしまったのかもしれない。

後日、大作は強い入学の意志を、「先生が守れないなら俺が後輩を守る。そして、ちょっと勉強してみたい」と表明したうえ、名前を漢字で書けたので見事合格となり、荒川商業高校定時制の生徒になった。

部外者が生徒とトラブルになったら警察沙汰になるが、生徒同士のトラブルなら教員の出番となる。今までのように、大作が警察のお世話になることは減らせるかも……と淡い期待をした。とはいっても、いつ、この時限爆弾が校内で爆発するのかと気が気ではなかった。

そんな私自身の不安を解消するために、授業の空き時間は、爆弾の様子を見るために簿記の授業を一緒に受けたりもしている。ちなみに、私の担当教科である体育の授業には、「これが一番動きやすい格好だから」と言って、大作は仕事場の作業着であるニッカポッカ姿で出ていた。

入学当初、体育の時間でバスケットボールをしたときのことである。大作がバスケットボールを持ってドリブルをはじめると、ほかの生徒は怖がって誰もディフェンスにつかず、ゴールまでの道を開けてしまった。しかし、最後、ゴール下にいた知的障がいを抱えている生徒にボールを渡して、シュートを打たせていた（何とも、優しい！）。

授業が終わる夜九時過ぎの放課後は、私が顧問を務めている柔道部に入れ、爆弾を監視下に置くことにした。私が着ていた柔道衣を与えたその初日、柔道の基礎となる受け身を教えようとしたら、大作はこう言った。

「ワカ（私のこと、「先生」と呼ばれるようになったのは卒業後だと思う）、俺に受け身はいらねえ。柔道って人を投げる競技だろう。投げ技を教えてくれ！」

四の五の言っても聞かないだろうと思い、組み方だけ教えて、「何をやってもいいから投げてみろ」と言うと掴みかかってきた。体をさばいて二、三回投げてやったら、「やっぱり受け身は大切だな」と、ぼそっと言った。

こうして大作の柔道も、基礎である受け身の習得からはじまった。負けず嫌いの大作、格闘技向きの性格を発揮し、めきめきと上達していった。のちに大作は黒帯を取り、東京チームの一員として全国大会出場を果たしたほか、卒業後は役員として、全国定時制通信制柔道大会の運営に貢献している。

東京チームの一員として

入学当初、第1章で語られているように、大作が「四年後に保育士の免許を取るために専門学校に進学し、将来、自分の育った養護施設の職員になる」なんてことは夢にも想像していなかった（大作、ごめん！ でも、本人もそうだったと思う！）。

数々の私の心配をよそに、先輩や後輩に慕われ、仲間から頼られるという心優しい、強い男に大作は成長していった。私からすれば、「教師冥利に尽きる」という教え子の一人である。このような大作との出会いが、私を教員として大きく成長させてくれたように思っている。また、教員として仕事の「やりがい」を心に刻みこんでくれた出会いでもあった。

「生徒を信じ、真摯に最後まで向きあう」、教員を定年退職まで三二年間続けられたのは、君のおかげだ。ありがとう大作！「感謝！」という言葉を贈りたい。

2 決めたよ！ 俺、施設の先生になる

（東京都立大島高等学校教諭・野村頼和）

荒川商業高校定時制（以下「荒商定」）において大作が「差別」のことを考えるきっかけとなったときに側にいた私から、当時の様子などを綴っていきたい。お断りしておくが、私は部落問題研究部の顧問ではない（悪しからず）。

前節で語られているように、大作は荒商定にケンカをしに来た。実際、学校自体がずいぶん荒れている時期で、暴走族に入っている生徒たちがたくさんいた。学校内では悪さをするわけではなかったが、外ではかなり問題を起こしていたようだ。

このように荒れている学校に通っていた生徒の一人が、大作の働いていた会社社長の息子であった。社長の息子が暴力を受けたということで、学校に怒鳴りこんできたわけであるが、前節で書かれているとおり、大作もこの学校の生徒になった。要するに、働いていた会社の息子の用心棒として学校に入学したようなものである。

当時、荒商定では六月まで生徒の募集をしていた。その理由は、本当に行き場のない生徒の最後の砦だったからで、都立高校のなかで、最後まで募集を続けていた。そういう意味でも、実にいい加減な（よい意味で）学校だった。障がいを抱えている生徒もいたし、外国人の生徒もいた。私はというと、物珍しいもののように、この学校の生徒たちを見ていたように思う。

入学した大作、悪さをすることもなく、学校生活を楽しんでいたように思う。とび職だったせいもあって、体は強かった。柔道部を見学するために大作が来たとき、私は柔道衣の上だけを着せて一緒に柔道をやっている。いきなりだったせいもあるが、大作の服から携帯電話やタバコが落ちてきた。柔道なら勝てると思った私、大作をいいように投げていた。しかし、大作はあっという間に強くなって、とても私に相手が務まるようなレベルではなくなった。

大作とは年齢が近かったこともあり、練習が終わったあと、一緒に飲みに行くようになった。振り返ると、練習のあとは毎回飲んでいた。遅くまで飲んで、「柱から落ちないでね」と言ったことも何度かある。「柱から落ちないで」というのは、飲み会が遅くなると、大作はいつもとび職の仲間が柱から落ちた話をしていたからである。高いところから落ちて仕事ができなくなってしまった仲間の話をする大作の言葉は重たかった。公務員である私とは違って、保障のないなかで生きている大作を強く感じてしまった。

図々しい私は、夜遅くまで飲んで大作にけがをされては夢見が悪いと思ってそんなことを言ったわけだが、定時制勤務だった私、翌日の午前中は寝ていた。

さて、荒商定では、人権について勉強をするという取り組みが行われていた。一つ一つのテーマに対して真面目に取り組んでいた大作の姿を見て、私は彼に対する見方がずいぶん変わっていくことになった。

飲んでいると、大作がいた施設の話や親の話によくなった。そのころ私は、部活動では柔道部、野球部、そしてサッカー部の担当となっていたので、毎日のように運動部との付き合いが続いて

野村先生（右）の結婚式で

いた。だから、文科系の部落問題研究部や外国文化研究部とは距離をとっていた。そんなときに大作から、「先生、一日体を空けてくれないか？」と言われた。「いったい何事？」と思いつつ理由を尋ねると、「自分がいた施設に出掛けるので、一緒に来てほしい」ということであった。

大作が施設にいたのは一年ぐらいだったように記憶している。だから、「本当の意味では施設出身じゃないんだ」と、冗談交じりに言うことが多かった。

ある日、私は大作と一緒に成田にある養護施設まで行った。施設に着く前に大作が大量のお菓子を買いこんでいる。不思議に思っている私に、「俺も、たまにこうやってお菓子をもらったことがあったんだ」と、大作がぼそっと言った。施設の子どもたちへのお土産だった。

当時、大作も私も坊主頭だったので、最初、施設の先生はお坊さんが来たのかと思ったらしいが、すぐに「齊藤君じゃない？　そうでしょう！」と声高に言ってきた。当時から働いている先生たちがいたこともあって、大作がいたときの話をうかがうことができた。どういうわけか、当時と今の施設の子どもの違いなどを、大作が丁寧に聞いていたことを覚えている。

施設の先生は、「昔は大作のような子がたくさんいた。隙を見せると後ろから殴ってくるような子どもたちばかりだった。今は違う。親からネグレクトを受けた子どもたちが多い。今の子どもたちと向きあうのは、難しさが違うんだ」と話してくれた。

施設見学のなかで、ある子どもを見て大作が、「あの子は、俺が施設にいたときにもいた子だ。

あれからずっとここにいるんだな」と静かに話してくれた。

帰りの車の中で大作が私に、「決めたよ。俺、施設の先生になる」と言いだしたとき、私は「困ったことになったなあ」と思ってしまった。職人としてなら、大作は親方にもなるだろうし、お金も稼げるだろうが、漢字も書けない、これまでちゃんと勉強をしていない大作が「先生」になれるわけがない。しかし、その事実を、「施設の先生になる」と決意した大作には言えなかった。

大作の担任が、保育士の資格が取れる専門学校を調べはじめた。そして、行き着いたところが「上智社会福祉専門学校」である。当時の私は知らなかったが、この専門学校は、上智大学などと同じく設置者は「学校法人上智学院」であった。千代田区紀尾井町にあったが、二〇一二年に閉校となっている。

この専門学校の素晴らしいところは、大作が切り開いた道を、それ以後、荒商定から何人かを受け入れてくれたことである。

前節で述べられているように、読めない文字が多い大作は電車を使わなかった。とび職をしている大作にはお金があるので、移動のときはもっぱらタクシーであった。仕方なく電車に乗るときは、入場券で入って、降りる駅で精算をしていたというから驚きである。

しかし、専門学校に通うとなると、電車に乗るのも仕方がない、と思ったようだ。ある日、

「一緒に上智まで行ってくれ」と言われ、ＪＲ北千住駅で待ち合わせをしたことがある。千代田線に乗った大作、ほかの乗客との距離の近さにかなり動揺していた。私はというと、「とても専門学校に受かるとは思えない」と考えながら電車に乗っていた。

専門学校での受験の際、いかにも徳のありそうな神父さんに向かって、「キリスト教のことは何も知らない」と答えたり、「もし落ちたら、落とした理由を聞きに来る」といった恫喝《どうかつ》めいた回答をしたようだが、どういうわけか無事に合格し、大作は上智社会福祉専門学校に入学することになった。

不安いっぱいの私、入学式にも同行して、同じにおいのする若者（いわゆる職人ぽい）に向かって、「友達になってほしい」とお願いをしたり、賢そうな女子学生には、「大作の面倒を見てほしい」とお願いをして回った。当時を振り返ると、ちょっと恥ずかしい思いがする。

こちらの不安をよそに、大作は専門学校で順調に勉強して保育士になり、その後、職人を続けながら養護施設に入ることを目指すようになった。そして、同和教育の大会で知りあった福岡の人が勤務している施設で働きだした。このころの話は、第1章を参照していただきたい。

大作と話をしていて多かったのは親の話である。「親は施設に入れたことを悔やんでいる」と話してくれた。その親は、横浜の黄金町で飲食店を営んでいた。

ある日、会いに行くことになった。正直なところ、施設に子どもを入れる親に対して私は偏見をもっていた。それだけに、かなりの緊張感をもって会いに行ったように記憶している。しかし、会ってみるととても子どもを愛している両親であった。大作の姉と弟が店を手伝っているという。お店に少し時間ができたとき、母親が「施設に入れてしまったことを反省している」と話してくれたときの様子が今も頭から離れない。

それ以後も、何度か両親や姉弟に会いながら、大作が変わっていく姿を見続けてきた。親のことを大切に思う大作、施設の先生を目指し、今、その先生として頑張っている大作、常に自分の思いと向きあいながら、大作はこれまでにたくさんの文章を書いてきた。二〇歳頃まで漢字が読めず、書けなかった大作が文章を書いてきたのだ。その一部が、本書において紹介されている。

私が大作から学んだことは、「変わりたいという思い」である。大作は一つ一つ丁寧に考えて、これまで生きてきた。ずいぶん立派になってしまったが、大作は「差別」を忘れない人になりたくて施設の先生になった。このことは、私自身がまともな人間を目指すための、大切なリトマス紙のようでもある。

実際、私は外国文化研究部の顧問として「差別」と向きあうことになっている。しんどい生き方だが、自分にできることとしてやってきた。今、大作に会える人となっているのだろうか？　きちんと、目の前の生徒と向きあえているのだろうか？　と自問することがある。このように私が思うのも、大作との出会いがあったからである。心の底から、大作に感謝したい。

3　大作の輪・大作から学ぶこと

（東京都立田無高等学校教諭・柳浦《やなうら》康宏）

まずは、大作と同じ定時制高校に通う生徒たちが毎年出場している柔道の全国大会における「五十周年記念誌」に寄せた私の文章を読んでいただきたい。

私は五年間定時制の教員として勤めさせて頂き、その五年間を全国定時制通信制柔道大会と関わらせて頂きました。思い出はたくさんありますが心に残る二つの事柄をあげさせていただきます。

ひとつ目です。そのころ東京都の柔道部は全国大会で上位入賞を争うレベルでした。時折実施される合同稽古では、他校の生徒も教員も分け隔てなく稽古し合い共に汗を流しました。現在の全日制の柔道ではあまり見られない光景です。そんな間柄ですからどの生徒とも顔なじみになり、まるで東京都という大きな学校

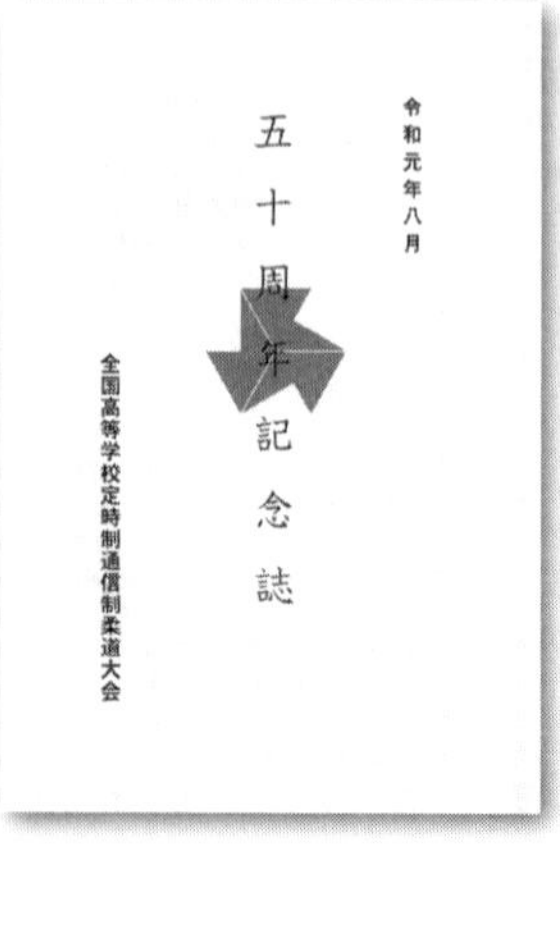

に通う生徒と先生の関係のようでした。東京都の柔道部全顧問は心から柔道部の生徒を応援し、生徒もその期待に応えようと向上心をもって努力し続けてくれました。稽古も試合もすべてが良い思い出です。それだけにとどまらず、なんといっても素晴らしいことは、高校柔道部を巣立った生徒たちの多くが、この全国大会を支えるために係委員や医務係、コーチとして戻って来てくれていることです。定時制課程から全日制課程に異動し一五年以上が経過しておりますが、今でもその当時の柔道家たちと会えるということも私がこの大会を応援し続ける理由の大きな要因の一つであります。社会に出て働きながら学べること、あるいは中学校で不適応があったことなどの理由で、定時制高校に進路を選びその環境の中、夜遅くまで部活動に励み、大会に臨むことは、今考えても立派で価値のあることだと思います。たくさんの生徒との出会いが宝物です。

もう一つ、国士舘大学ご出身の斉藤一先生の全国大会審判会議でのお言葉です。当時は誤審がないよう関節技、絞め技は「参った」するまで判定をしないことが各種柔道大会の風潮でした。そんな流れが本大会にも及び、審判会議が終わろうとしたときのことです。「関節技は今まで通り見込みでとってください」語気を強めて発言されました。「この子たちにとって腕は働くための道具なんです。壊れたら明日から働けないんです」

忘れない、忘れてはいけない一言です。

　この大会は、全国大会の運営を通して東京都と同じように、生徒を、柔道を大事にして参加してくださる全国の先生方、また毎年リピートしてくださる審判の先生方、そして「競輪」をはじめとする多くのスポンサーなどたくさんの支えがあり成り立っております。皆様に敬意を表し、また感謝申し上げます。

　嘉納先生が目指した人間教育の場である柔道が！本大会が！これからも永年にわたって継続されますことを心から祈念しております。

前事務局長　柳浦康宏

全国大会打ち合わせでの柳浦事務局長の挨拶。小池先生、野村先生（左から）も役員として同席

　私と大作は、この文章のなかに出てくる「東京都という大きな学校に通う生徒と先生」という関係であり、大作は、「高校柔道部を巣立ったあと全国大会を支えるために係委員や医務係、コーチとして戻って」来てくれた一人である。

　これらの集まりのなかで大作は、自身がもち備えている人をまとめる力、人間としての魅力を大いに発揮したこともあって、周囲の人たちも自然と彼をリーダー的な存在に引きあげていった。

いつも仲間の中心にいて、関係する仲間が進む方向を間違わないように修正したり、我々大人とのパイプ役を担ってくれる重要なキーパーソンとなった。

大作の高校生時代、といっても二〇歳を超えている生徒である。高校生としてわきまえた行動をとらなければならない場面があるかと思えば、成人としての行動をとらなければならない部分が混在していた時期である。よって、場面、場面によって「高校生」として、あるいは「大人」としての付き合いをしてきたわけだが、通常の枠をはるかに超えている彼の人生経験は、教員の及ぶところではなかった。それだけに、教員側にも大きな学びがあったと言える。

高校卒業後の彼は、自身の夢、つまり保育士の資格を取るために入学した専門学校で柔道サークルを立ちあげている。顧問になってくれそうな先生を見つけて「大作ワールド」へ引きこみ、学校としての

全国大会開会式での東京都チームの行進

手続きを整え、正式なサークル活動として新規創設したのである。大作はこのサークルを、定時制通信制柔道大会で出会った人材をフルに活用し、我々元教員まで柔道の指導者として招き入れ、在学中だけでなく、持続的な柔道のサークル活動につくりあげていった。

言葉にすれば簡単なことだが、これを成し遂げるためには、出会った人を大切にし、人と人の付き合いをつなげ続けていくという努力が必要となる。読者のみなさんも、ちょっと振り返っていただきたい。自分がしたいこと（大きな夢も小さな夢も）のために、諦めることなくこのような努力を果たしてきたのだろうか、と。

大作は、自らのキャラクターをフルに発揮して、彼ならではの「人の輪＝大作の輪」を広げてきた。私をはじめとして、元定時制高校の教員が本書に寄稿することになったのも、みんな大作が大好きであるからだ。年齢差というものを感じさせない大作であるが、飲み会などのときの気の遣い方は半端なものではない。いったいどこで学んできたのだろうか。彼の人生すべてを通して体得したものなのだろう。我々教員が言ってはならないことかもしれないが、「絶対に学校では教えていない」人に対する温かい気遣いである。

ある晩、本書を企画するために大作と執筆関係者が居酒屋に集まった。その折、出版社の武市さんが、わざと周りに聞こえるような声で言っていた。

「大作の気遣い、横にいるサラリーマンの連中に教えてあげたい」

引用ばかりで申し訳ないが、全国定時制通信制柔道大会の「五〇周年記念誌」の巻頭ページに掲載された草淳子先生の文章を紹介したい。この大会を表す象徴的な内容であるだけでなく、大作のように柔道との出合いによって夢を膨らませ、柔道に没頭し、人生を開拓するきっかけとなった大会に参加する生徒たちの想いと、大会の意義が書かれているので、どうしてもみなさんに読んでいただきたい。

ちなみに、草先生は大作の担任を務めた人で、夢を追いかける大作をいつも応援していた。そんな草先生は、本書の刊行を待たずに、二〇二四年六月に病のため他界された。草先生の残したこの言葉が困難な境遇にある子どもたちの夢を応援し、「大作の輪」がさらに大きく広がることを願っている。合掌

前夜
（全国定時制通信制柔道大会五十周年に寄せて）
明日、全国定通柔道大会が行われる
その前夜
四つの会場は全て準備が整えられ、
八階の観客席前には
数字だけを張り替えた横断幕が広がっている
この場所に明日、

全国の定時制通信制高校に通う
柔道少年・少女たちがやってくる

定時制高校の教員になって約三十年
他者を拒絶し、
威嚇と暴力でしか
自分の意思を伝えられない子どもたちに
「言葉」を与えることが自分の仕事だと思ってきた

言葉で自分を伝えること
言葉で相手を説得すること
それができたとき、威嚇も暴力も必要なくなる
そうやって他人との関係を作っていけるように、
「言葉」を教えたい、とずっと思ってきた

そして
「柔道」もまた、誰かに教えてもらわなければで
きない

受け身を
技を
そしてどうすれば「勝ち」になるかを

力まかせにねじふせようとするだけでは勝て
ない

「柔道」を知って
勝ちたい
強くなりたい
そう思って、生徒は変わっていく
その変化と成長に目をみはり、
勝ち負けにはかかわらぬ賞賛の言葉を胸に積
み重ね
歴代の選手たちを見送ってきた

十代の後半、熱い一日をここで過ごし、
今はOBとして手伝いにくる

元選手たちの目は涼やかだ
きっと親を、教師を
さんざんてこずらせたに違いない
往年の猛者たちよ
あなたたちが「柔道」にめぐりあえたことを
「柔道」に係る人々に出会えたことを
どうか忘れずにいてほしい
そして今も、
これからもあなたたちのような若者が
日本全国にいることを

明日、この柔道の聖地・講道館に
全国の定時制通信制高校の柔道選手たちが
やってくる

明日の東京は暑くなる
そしてそこで繰り広げられる戦いも
きっと熱くなるだろう

そのかけがえのない青春の熱さを
心と身体に刻みこめ

二〇一八・八・四

東京都立荻窪高校　草淳子

今、改めて読み直しても涙が出てくる。これほどまで生徒に寄り添った教育を、いったいどれくらいの教員がしているのだろうか。草先生は、社会の底辺に存在しているであろう生徒たちに、言葉を通して「社会を生き抜く」ための心構えを教えていた。本書を読まれる方の多くは教員であろう。草先生の言葉を、存分に噛みしめていただきたい。

いずれにせよ、大作との出会いは、我々教員に大きなパラダイム転換をもたらした。これだけ人の気持ちが分かり、自分の想いを人に伝えることができ、地頭のよさを自分の利益のためではなく、人の幸せのためにも使える人間はそうたくさんはいないだろう。

そんな大作だが、学校に行けない時期があった。家にもいられない時期があった。学習遅延も起きていた。それはなぜなのか、と疑問を感じてしまう。いったい学校は何をしてきたのだろうか、と。

人は、見た目や、過ごしてきた場所や、字が読める、読めないで判断されるものではない。出会った生徒一人ひとりを人間として丸ごと受け止めて、その本質を理解するべきである。肩書や先入観ではなく、一人の人間として奥底を理解しようとする気持ちで接しなければならない。そのことを、我々教員は大作に出会って気付かされたように思う。そして、こうしてできあがった生徒と教員の関係は、年齢を重ねることで仲間として支えあい、刺激しあえる大切な関係に発展するということも大作から学んだように思える。

夏恒例の「24時間テレビ（日本テレビ）」（二〇二四年九月一日）において、児童養護施設が取り上げられていた。施設で過ごしたことのある大作の生き様が学校教育に問いかけているものは深刻である。「誰一人取り残さない」というスローガンを掲げている今の学校（教育にかかわるすべての人たち）は、読み書きのできない大作のような子どもを本当に支えるだけの役割を果たしているのだろうか。

今、学校では、管理職も教員も授業などの一般的な仕事以外の業務やトラブルを嫌い、何かにつけて責任をとりたがらない。それが理由で、やっかいなことや異端児を排除する風潮を生んでいる。問題が起きないように、リスクを回避するために、管理職は教員を、教員は生徒を、法令や規律厳守で指導し、教員はロボットのようにルールを守り、生徒を一律に指導するといった傾向が強まっているように思える。

そして、少しでも発達に偏りがあると考えられる児童生徒には別プログラムが用意され、マニュアルどおりの指導をはじめている。もちろん、発達障がいには特性があり、特性に応じたより良い指導方法があることも事実である。しかし、それによって発達障がいのある生徒をひとくくりにして、レッテルを貼り、同じ型にはめた指導を行うという傾向が強まっている。

確かに特性はあるが、みんな一人ひとり違う人間であり、その根本を大切にして生徒と接するべきだと私は思っている。私自身、養護学校（現在特別支援学校）において、九年にわたってさまざまな障がいを抱えている生徒の指導にあたってきた。そこでは、型にはめるような指導はしてこなかった。少なくとも、その時代の先輩教員には、そのような人がいなかった。

できないことを認め、できるようにするために補助し、できることを認め、伸ばすために、型どおりではない、個人に合ったさまざまな工夫を考えて指導にあたっていた。その結果、たくさんの生徒を社会へ送りだしたが、みんな、たくさんの人から支援を受けつつも、社会のなかで逞しく、役に立つ生き方をしている。

しかし、最近は、普通教育に携わる教員の基本的なスタンスが違ってきているようだ。学校における外部支援の機能が高まったことによって、指導するうえにおいて難しい生徒がいると、カウンセラーやスクールソーシャルワーカーなどに面接・相談を任せ、まずは専門家のレッテルを張ることからはじめるケースが多くなった。それが理由で、ほかの生徒と同じような指導がしづらくなり、その結果、教員が特性のある生徒の指導から手を引き、専門家任せにするといった傾向が強まっている。

教員がこのようになってきた背景として、「業績評価」の影響が大きいと私は感じている。学校で起こるさまざまな問題（生徒、保護者、地域など）が教員の評価を下げることにつながるからである。今の学校では、失敗や問題を起こすこと自体がＮＧなのだ。

ここで考えてほしいことがある。学校は、人と人が多く交わる場所であるだけに、どんなに頑張っても失敗や事故は必ず起こるということだ（もちろん、教員による大きな失敗・事故は絶対に避けなければならない）。学校では、生徒が起こす失敗や事故への対応が不足していることを学び、それを成長する教材としなければならない。しかし、失敗からの学びや成長が現場で評価されることはない。それゆえ、失敗や事故を恐れるあまり、安全教育ありきとなり、問題を起こす可能性の高い異端児の排除が過剰になっている。

さて、管理職だが、おおよそ二年から三年間で、早い場合は一年で異動することになる。私も『金八先生』に教員の理想を見つけた一人だが、教員が学級づくりをするように、管理職の大きな職責といえば「学校づくり」となるのだが、今は幻想になりつつある。多くの管理職は、残念ながら学校づくりではなく、教育委員会から指示された学校経営のマネージメントに奔走しており、在任期間中は問題が発生しないようにリスク回避に専念し、進学実績に関係する学力向上や新規の企画を求めるなど、自らの評価を上げるための学校経営を行っている。

目の前には、勉強を目的に学校を選ぶ生徒もいれば、学校行事や部活動に期待して学校を選んでいる生徒もいる。ところが、今の学校は学力向上に偏向しており、学校経営の方向性が生徒のニーズや実態に合っていないところが多い。それでも、評価を恐れて校長へ意見するという教員はほとんどいないし、管理職も教育委員会への意見などを避けている。

このように、教育委員会が管理職を、管理職が教員を、教員が生徒を、失敗や問題を起こさないための「ことなかれ主義」と「責任回避」という評価のサイクルが生まれ、学校教育の本当の意味における多様性を阻害している。私からすれば、人間教育をしていない人なら教員とは言えない。それは、勉強（知識）だけを教えるつまらない指導者でしかない。

少し話が脱線してしまったが、大作を学校教育へと導いた若林先生（一六〇ページ参照）のような、心ある教員が少しでも多くなることを期待したい。そして、大作のような可能性を秘めている生徒のよさを最大限に伸ばし、取りこぼすことなく大事に育て、社会に送りだすことに責任とやりがいをもつ教員と、そういう教育に胸を張れるような学校が増えることを願っている。

今の学校教育がかろうじて成り立っているのは、大変だけれども、生徒が人として成長する姿にやりがいを感じ、一所懸命になれる教員がいるからである。ところが、教育行政は、教員のなり手不足から、働き方改革の名のもとに仕事を減らし、休みが多くて楽な仕事であることをアピールしようとしている。

目の敵《かたき》にされているのが「部活動」である。大作自身が「柔道」の部活動を通して人生を大きく変えたように、学校における部活動の意味は大きい。「外部移行」を前面に出し、受け皿のできていない「外部」への移行を「正義」のように思って強制的に進めている。これまで、身を削ってでも教育的意義を大事にして部活動と学校生活をからめて児童生徒を多角的に見てきたことも、頑張ってきた教員も不要と、排除するような傾向が見えはじめている。

さらに、やる気のある、教育環境におけるブラックな部分でも甘んじて引き受けるという意欲ある教員を、教科指導だけに専念させるような方向づけがはじまっている。外部へ移行できる部分と、指導力のある、部活動指導を希望する現場教員とを両輪にして進めればいいと思ってしまうのだが……。このままでは、大作のような人間を教育機関が取りこぼすことになるのではないかと心配である。

このような教育環境や教員募集の仕方のもとで教員になった人が働くようになったとき、日本のよさである「やさしさ」と「思いやり」をもち、効率だけでなく、必要なことには愚直に時間をかけて工夫・努力するという教員は存在するのだろうか。果たして、日本の学校のよさは保たれるのだろうか。大作のような子どもたちが成長できるのだろうか、と不安になる。

大作が養護施設をつくるという志は、養護施設への感謝である。大作がつくる養護施設は、厳しく、温かく、家族と過ごす場合と同じような、素晴らしい施設になるだろう。学校現場においても、学校への感謝の気持ちをもった人間が「恩返しの連鎖」で教員を目指し、恩返しの心で生徒とかかわることが必要である。このようなサイクルが壊れてしまったら、日本の教育は終わりを告げることになる。

何事においても、つくりあげるためには何十年もの歳月を必要とするが、壊すのはあっという間である。「恩返しの連鎖」が途絶えたときの学校というものを、恐ろしくて想像することができない。根本的に大切なことが欠落していることを、文部科学省や教育委員会は理解しているのだろうか。

今、私は学校教育を運営する側と教育現場との間には大きな溝があるように感じている。そんなことを再確認させてくれる存在が大作である。現職教員の一人として、大作に感謝！

4　大作の生き方

（全国定時制通信制柔道大会事務局長・小池勝男）

まずは、大作と出会う前の経緯、定時制高校とのかかわりから話を進めたい。

私の教員としての出発点は、中央大学高等学校という大学付属の夜間定時制高校だった（一九九三年に昼間定時制へ改編）。大学卒業後は、付属校で選手を育て、母校中央大学柔道部へという想いがあり、ほかの二校の付属校を考えていたが、中央大学高等学校の話をいただいた。「この話はお前にもってきた。ただし、三年はいてほしい。面白いところだから行って来い」と言う英文専攻の教授の話に乗ったわけである。

「いったい、どんな学校なんだろう」と思いながら飛びこんだところには、昼間は働き、夕刻から登校するという生き生きとした生徒がいた。そこでの指導方針の一つに、勤労学生としての学業と仕事の両立があった。必ずしも経済的な必要性からということではなく、働くことで社会性を身につけ「大人になれ」、ということであった。

中学時代に不登校だったり、全日制をドロップアウトしてきた子どもたちが多かったが、そんな生徒が若干一五、一六歳で大人のなかで働き、職場でその存在を認められ、報酬を受けることで自信をつけたという「大人びた生徒」たちがいた。それまでの学校に対する観念が打ち砕かれた瞬間である。

そんなとき、同じ付属の他校において、講師という形で授業をもつ機会があった。そこの学力水準は、当時でも偏差値が七〇近くあり、付属校であるがゆえに大学への進学も保障されていた。言ってみれば受験勉強の「勝ち組」で、それこそ明るく輝いていた。言うまでもなく、中大高校の生徒とは正反対だった。

確かに、入学時の中大高校の生徒は「負け組」で、自信のない生徒ではあったが、勤労学生として学業と仕事の両立という指導方針のもと、働くことで大人になって、四年後の卒業時には「芯の太い人間」として大きく成長していたという事実がある。つまり、三年間全日制で学んだ生徒とは、まったく異なる輝きがあったということだ。学力も大切であるが、人には、学力よりも大切なことがあると確信した。

午前中に行っていた予備校での講師というバイトが面白かったこともあって、このまま夜間定時制でもいいかなと思いはじめていたとき、都立秋川高校での新規採用という話が来た。全寮制であるということぐらいしか知らなかったが、秋川のシンボルとなっている一期生が植えたメタセコイアの並木の壮観さに圧倒された。どっぷりやれる、と確信した。

その後、全寮制の秋川高校から八王子工業定時制へと異動し、齊藤大作と出会うことになった。

大作との出会いは、全国定時制通信制柔道大会の合同練習会だった。大会前の日曜日の午後、練習会場は小石川工業高等学校。さまざまな経緯を経て定時制通信制高校にたどり着き、想いを背負った選手たちが、猛暑のなか、真剣に黙々と汗を流す姿には心打たれるものがあった。私自身が体験してきた全日制の柔道部とはまるで異なる世界であった。

大作と言葉を交わしたのは、そのときが初めだと記憶している。いきなり馴れ馴れしく、挨拶代わりの声をかけられたときにはドキッとしたが、「まあ、こんな生徒もいる」と思って、教員らしく自然な形で受け止めた。しかし、後日のことだが、「教員の対応を見ていた」という本人の話を聞いて、試されていたことが分かった。

大作自身は飛びぬけて強いというわけではなかったが、根っから柔道が好きで、仲間にも慕われていた。彼の柔道に対する姿勢には感じるものがあったし、柔道に対する想いも非常に熱いものを感じていた。そんな人柄を表すには、「祭り」という言葉が一番よく似合った。「先生、祭りです。祭りですよ」と、稽古中だけでなく、飲み会でもよく言っていた。

想像するに、「勝ち負け」を争う競技大会ではなく、全国に連綿と続いている「神輿」をかつぐような祭りをイメージしていたのであろう。確かに、これらの祭り、大いなる規制にとらわれることなく何百年という長きにわたって続いている。入りたい人は誰でもその輪に入れる。そして、そこに、人と人の「つながり」が生まれる。

合同練習会を重ねるうちに、大作の既成概念にとらわれない人柄に私自身も共感するようになっていった。私が全国定時制通信制柔道大会の事務局長を前任の柳浦先生（一七四ページ参照）から引き継いだのも、大作が荒川商業高校定時制を卒業した時期と重なる。それ以来大作は、卒業後二〇年以上にわたって、相変わらず「定通柔道大会は祭りです」と言いながら、毎年夏、講道館で開催される全国高等学校定時制通信制柔道大会へ、ＯＢとして仲間を集めて駆けつけてくれている。「何があっても、この大会には来る」という気概まで感じられるのだ。

それにしても、大作の語る話は興味深いものであった。これまでに紹介されているように、電車に乗る際の掲示板の文字が読めないために入場券で電車に乗り、降車駅で精算するという話、荒川商業定時制への入学経緯、生活手段だったとび職の話など、ほかの執筆者と同じく、私も挙げずにはいられない。

そんな彼が荒川商業定時制で柔道と出合い、何と、卒業式では「卒業生答辞」を読んでいるのだ。この事実は、まさに教員の既成概念を打ち破るような出来事となった。

大作に出会う前の話に戻すが、秋川高校(1)では一日二四時間、通常の三倍もの時間を生徒と共有し、切磋琢磨することになっていた。池田潔が著した『自由と規律——イギリスの学校生活』(岩波新書、一九四九年)を入学時の必読書とし、「日本にイギリスのイートンを」という最高の理想を掲げ、戦後初となる公立の全寮制高校として東京都の肝いりで発足した学校であった。

しかしながら、私が勤務したころには、寮で問題行動が頻発し、教員はその処理に追われていた。一例を挙げれば、毎週水曜日の午後は、生徒指導をめぐる会議の連続となっていた。各学年、各分掌、原案委員会において、生徒の問題行動に対してさまざまな角度から指導案を見て、たたき台をつくっていくという作業である。

決議機関としての職員会議(現在は、校長の補助機関として挙手による採決は禁止されている)は午後五時半過ぎからはじまり、終わるのは午後一〇時過ぎであった。その後、管理職と保護者との間で行われる「指導申し渡し」の日時の設定調整をし、学年の担任と舎監が解散するのは午後一一時を回っていた。しかも、火曜日に宿直勤務となれば、火曜日の朝から翌日の職員会議終了まで、三八時間という連続勤務となった。秋川高校では、こうした厳しい勤務が当然のごとく行われていたのだ。

職員会議だけで五時間、その前の原案作成に至る会議を含めれば一日で一〇時間以上を、生徒の「進退がらみ」の話し合いに当てていたわけである。組織の意思決定がトップダウン型となってしまった現在の都立高校では考えられないことであるが、当時は夜の寮勤務の舎監を除いた全教員が、「生徒と教員のあるべき姿」に対して白熱した議論を闘わせていたのだ。水曜日の会議だけでそんな様子であったから、日ごろはというと、推して知るべし、となる。

着任したとき、秋川高校の設立からかかわり、メタセコイアの植樹を指揮した宗方俊遂《むなかたとしゆき》校長に「この学校は生徒を鍛える学校だが、教員も鍛える学校だ」と言われたが、まさしくそのとおりであった。そして、「心身ともに健康で逞しく、たえず自己の向上に努力し、社会の発展と日本文化の創造に寄与できる、自主独立の人材を育成する」という教育目標を常に示し、職員会議などで議論が行き詰まると、次のようによく言われた。

「教育は上手くやろうとするな。たとえ上手くいかなくとも、あるべき姿、正しいことを貫くのが教育だ」

正しいこと、それは善悪の徹底という『論語』の教えに尽きるだろう。

昼夜を問わず日々、生徒指導や問題行動の処理に明け暮れていたが、善悪の判断、そしてそれ

---

(1)　一九六五年に、都立唯一の全寮制普通科の男子校として開校。イギリスのイートン・カレッジをモデルに本格的なパブリック・スクールを目指したが、応募者減少により、二〇〇一年三月、第三四期生の卒業をもって閉校している。

を徹底させることが正しい指導だと考えていた。とはいえ、その内容は、今となれば「合理的排除」に匹敵する厳しいものであった。

寮生活では、集団生活の秩序維持に欠かせない規律や規則の厳守が大前提となっている。そのなかには、喫煙一回目に対して、当時の秋川高校の言葉で言えば「コシフキ」という名の生徒指導があった。すなわち、「校長訓戒」、「始末書」、「保護者（父兄）召喚」、「謹慎の申し渡し」というものである。そして、喫煙二回目になると、一回目の始末書の内容に反したという理由で「進路変更」（つまり退学）の申し渡しを行っていた。

それだけに、教員は生徒と真剣に向きあい、二度と同じ過ちは繰り返さない、次あったときは「生徒自身が自ら身を引く」という厳しい指導をしていた。

当時、学校の規則に合わなければ「進路変更」というのは当たり前であった。全寮制の秋川高校では、問題行動の数は他校とは比較にならないぐらい多く、進路変更の率も非常に高かった。中学時代、勉強はそれほど好きでも得意でもない、どちらかというと訳の分からない連中がいきなり五人部屋に押しこまれ、規律づくめの生活を強要されれば問題が起こらないほうがおかしい。

そんな状況であったが、秋川高校の教員は、使命感に駆られたように、何事にも徹底した非常に厳しい指導を行っていた。進路変更も含めてだが、寮内の秩序維持に向け、「それが正しいことである」と信じて奔走していたわけである。そのため、生徒と教員が本気でぶつかりあうことも多かった。

　彼らを担当して二年目となる六月のある晩のこと、我々が正しいと考えている厳しさに対して生徒の我慢が限界に達した。担当舎監として、寮生たちに明け方の四時過ぎまで「つるし上げ」にされたのだ。教員に理解を示す寮生もいたが、それまでの教員が理想とした秩序は崩壊してしまった。そう、修羅場のはじまりだった。

　突きつめれば、正しいことだけを貫くことでは限界があったということである。生徒からの信頼を失った教員と生徒との寮生活。そんな集団生活を通じて、生徒との信頼関係が崩れるとどういうことになるのかを思い知らされ、舎監と生徒との関係構築の模索が卒業までの一年半続いた。しかし、それは解決に至らなかった。

　結局、入学時には二四〇名いたこの学年は、卒業時には一五五名となった。要するに、九〇名近くの生徒が進路変更をしていたのだ。卒業式における呼名の際、秋川を去らざるを得なかった生徒の名前ばかりが浮かんでしまった。

　卒業式後のPTA主催の保護者との懇親会で、校長自らが刻んだ篆刻《てんこく》を抽選で保護者に卒業記念として渡す機会があった。その抽選に当たったお一人が、卒業までに何度も指導を受け、進路変更の申し渡しを受けそうになった生徒の保護者だった。「大変だったですね。でも、秋川にご縁があったのですね」と労いの言葉を校長がかけると、その保護者の眼には熱いものが浮かんでいた。その光景は、いまだに鮮明である。

お二人の姿を目の当たりにしたとき、正しさ、厳しさだけで接するのではなく、優しさ、信頼関係の大切さ、己の至らなさを痛感してしまった。自分自身に余裕がなかったのも事実だが、次の学年で寮生を迎えるときは、まずは生徒と話ができる関係を大前提とした。それを信頼関係の柱とするために、自ら生徒の居室を回り、生徒と話をする機会をできるだけ多くもつことを心掛けた。「信なくば立たず」である。

秋川高校を進路変更となった生徒の行き先はというと、ほとんどが定時制であった。私自身、職員会議の席上において、生徒の問題行動に対して「進路変更は正しい」と判断し、「賛成」の手を挙げていたという事実がある。問題行動とは別に、寮生活、学校生活の厳しさになじめずに自ら進路変更したケースもあったが、職員会議で決議したその数は、年間で数十名に及んでいたことはまちがいない。

日々指導に明け暮れながらも異動時期が近づくにつれ、一度は定時制に行って、自らにけじめをつけなければならないという想いが強くなり、定時制への異動を決意した。とはいえ、異動の時期が迫ったとき、私たちが定時制へ送った生徒はそこにいるはずもないのだが……。

異動先となった定時制高校は八王子工業であった。それは自分にとっても思いもよらないことで、磯村先生（本書の編著者）が指導する、関東大会への出場を果たした経験のある柔道部があった。私にとっては夢のような空間であり、前任校でのうっぷんを晴らすかのように、存分に稽古に打ちこんだ。

何と言っても、汗を流せるという環境が最高であった。汗が引かないときは柔道衣のまま教室に向かい、授業をするということもあった。

八王子工業で新入生を担任として迎えた最初の授業で、私は次のように生徒たちに話した。

「ちょっとくらい勉強ができてもしょうがない。大切なことは善悪の判断ができ、それを実践することだ。俺の英語の授業はABCからはじめるから……」

すると中学校でまともに授業などに取り組んでこなかったであろう、見るからにやんちゃそうな少年たちが、嬉しそうに「Vサイン」をしていた。そのときの笑顔を今でも忘れることができない。

そして、すぐに定時制の柔道部を立ちあげた。やんちゃな少年たちが柔道部に入ることになり、磯村先生のところへ柔道衣の注文をお願いしに行ったとき、ある生徒が磯村先生に向かって、「柔道衣の背中に『龍』を入れたい」と言った。本人からすればユーモアのつもりだったかもしれないが、よくそんな発想ができるものだと私はびっくりしてしまった。

すぐに、定時制の柔道部は全日制の柔道部の稽古に参加するようになり、全日制とか定時制とかといった区別もなく稽古をした。さらには、格闘技のグループである「超人クラブ」が放課後の二一時過ぎから練習に参加するようになった。

この「超人クラブ」の代表が、八王子工業柔道部主将として関東大会への出場を果たした石井淳であった。夜の時間帯は、日中に働いている若者にとっては好都合で、ほぼ毎晩、二〇人近くが集まって稽古に励むことになった。このような環境が大きな刺激となったのだろう、定時制の柔道部の活動もますます活発になっていった。

そしてある日、石井淳が登場する格闘技の試合に応援に行くことになった。その大会名は「デモリッション」である。「爆破」とか「破壊」という意味である。プロでもアマチュアでもない自分の力を信じ、それぞれが自分のスタイルで裸一貫となって戦う若者集団の「デモリション」を観たとき、何か定時制に近い雰囲気を感じてしまった。

「この若者のなかには、いわゆる優等生は一人もいないだろう。通常の学校教育の枠にはまらなかった連中が圧倒的に多いはずだ」

この観戦がきっかけとなり、定時制の生徒たちにも何かできないかと考えだしたのが「八工デモリッション2003」である。そのメンバーは、磯村先生含めて四人であった。磯村先生が著した『「困った生徒」の物語』にも登場する堤社長、八王子工業柔道部ＯＢの石井淳、そして本書の主人公、齊藤大作である。以下に掲載したのは、当時のアピール文からの抜粋である。

八エデモリッション　２００３

アピール

右肩上がりの成長の時代はもう終わった。

すべてのことが、エスカレーター式に黙っていても良くなるという時代はもう終わった。

今までのことは幻想にすぎない。

勉強が出来れば、能力次第で道が開ける時代もあった。

出来ないよりは、出来た方が良いかもしれない。

しかし、少しぐらい勉強が出来てもしょうがない。

もっと大切にしなければいけないことが我々にはあるはずだ。

何故なら、我々は裸で生まれ、裸で死ぬ存在に過ぎないからだ。


本当の主人公は今ここにいる**あなた**です。

ねらい

高校卒業後の数年間だけを範囲としてきた従来の進路指導の枠をデモリッションし、我々人間は裸で生まれ、裸で死ぬという大きな視点から、我々のあるべき姿を考える。

この文面は表向きの理由で、真の狙いは、学生時代に比較的優等生として過ごしてきた教員と定時制の生徒たちとの隔たりの差を埋めることにあった。端的に言えば、教員の意識改革が目的であった。

この企画に興味を抱いた教員が他校からも集まってきた。磯村先生が進行役を務め、三人のゲストから話を引き出しつつ、生徒への問いかけを行っている。そして、大作には、「八工デモリッション2003」の締めとして、荒川商業定時制の卒業式において読みあげた「卒業生答辞」を、本人自ら読みあげてもらっている。本音を語る生《なま》の言葉、それは、文字が読めなかったことなどは微塵も感じられない「人の心を打つ」素晴らしい内容であった。

二〇〇一年度答辞

四年B組　齊藤大作

答辞

自分はこの学校に入って、とても良かったと思います。自分は小学校の頃から親に迷惑をかけ、やんちゃばかりしてきました。中学のころから職人の世界に入り、二十二才までのあいだに離婚あり、借金あり、ただ働きの一年間あり、谷ばかりでした。自分はずっと字が書けなくて、悩んでいました。電車に乗っても漢字が読めなくて、切符が買えない。駅を降りても、駅の名前がわからないから、自分がどこに居るのかわからない。そんなこんなで、字が書けるようになりたかった。会社の親方が夜間中学の事を教えてくれて、夜間中学に行こうとしたけど、中学の卒業証書を持っているからだめだと断られ、塾も高くていけなかったのです。そんな時に、この学校にもめに来たのがきっかけで、二十二才でこの学校に入りました。

学校生活は柔道と出会えて、楽しかったです。柔道は一人じゃできない。相手が居て自分が居る。柔道が強くなっていくと精神的に強くなって、暴力をふるわなくなるし、自分の忍耐力が大きくなった。柔道は都大会で団体優勝をしたし、全国大会で団体三位になったのがとてもうれしかった。でも最後の大会がダメだったのが心残りです。

自分は荒川商業高校に入って差別問題をしり、いろんなきっかけで部落問題研究部に入りました。差別問題と関わっていく中で、自分は差別問題のことをまったく知らない人間であることを知りました。部落出身者の話や在日朝鮮人の話を聞いていく中で、自分も同じよう差別を受けたことがあると思うようになった。でも自分は部落出身でもないし、在日朝鮮人でもないことにかべがあった。自分は過去を振り返るのがとてもいやだった。それは中学生の頃に母親に暴力を振るったこととか、とび職をしていた同い年の子が高いところから落ちたこととか、人生谷ばかりだったので思い出したくなかったのです。

でも、二年生のときに、九州の部落のおっちゃんが学校に話しに来て、そのあとに、お酒を飲んでいる席で、「お前は何が引っかかっているんだ」と言われて、母親に暴力を振るったことを思い出した。そのとき自分ははずかしながら、ないちゃいました。自分は親のことから逃げているなと思い、自分の人生に負けているなあと思いました。そんなこんなで、部落研の先生たちからも「一回振りかえって整理をしてみれば」と言われ整理をしました。その事は自分にとってすごく大きかったと思います。過去を振り返ってからは、親に暴力を振るったことを親に謝れたし、自分が入った施設の先生にも会いに行けました。自分は、人生いらない経験はひとつもないと、谷ばかりの人生があったから、今の自分があると胸張って言えるようになりました。

自分はとび職を八年間続け、「職人」としてみんなから認められていると思います。職人は嫌いではありません。でも、荒商を卒業して、部落研を座らなくなると、当事者じゃない自分は、いつでも部落問題から逃げられると思う。それに、二十二歳で高校に入って、まだ字が書けなくて、このまま卒業するのは、いやだなと思った。だから、その次の学校にも行きたいし、勉強したい。

施設の先生に会って、今の子は虐待をされて入っている子供が多いと聞きました。こどもたちに何か元気を与えられるものが自分にあるんじゃないか、自分の人生が役に立つんじゃないかと思うようになった。

自分は施設の先生になろうと思った。先生になろうと決めて、自分みたいな子供を育てていきたいと思った。施設の先生になって、子供とかかわっていくことが自分も鍛えられる世界に入ることだと思う。差別の世界から逃げない自分がいると思う。

自分は上智社会福祉専門学校に受験をして、面接のときに自分は熱く語り、たぶん優秀な成績で受かって、通うことになりました。

これからは人生をかけて学校に行くと思うので、十年間続けた職人生活をやめました。振り返ってみると、自分にとって高校生活は大きなきっかけになったので、在校生の皆さんも、のらりくらり学校生活を送るんじゃなく、大事に学校生活を送ってください。教員の皆さんも、のらりくらり教員生活を送るんじゃなく、学校をもっと愛して、生徒を見下さないでください。ごらいひんの皆さんも、差別問題に少しでもかかわっていってほしいと思います。

（二〇〇二年三月三日）

この企画は、八王子工業をきっかけにして、本書にも寄稿されている柳浦《やなうら》先生が勤務していた農業高校定時制、そして磯村先生が副校長だった杉並工業高校でも行われることになった。

その後、三年にわたって「デモリッション」はメンバーを代えながら続けた。教員の意識改革を目論んで進めたが、「学校教育のなかで『破壊』、『爆破』とは何事だ」と言われたこともあった。「デモリッション」によって教員の意識改革には至らなかったが、生徒の意識改革、やる気は引き出せたと考えている。

近年、「合理的配慮」の提供が義務化されており、その流れが定時制高校にも浸透している。一例としてそこで行われていることを挙げれば、漢字に平仮名のルビを振ったり、試験のときには問題文を読みあげるといったことである。本質的なことを教えるのではなく、どちらかといえば、うわべだけの形式的なものになっている。

「合理的配慮」という考え方は素晴らしいが、現状では、本来の役割を果たす領域には到達しているとは言い難い。文字の読み書きができない、四則計算ができないのであれば、教員ができるようにしっかりと教えるべきである。教えることの放棄は、「教育の荒廃」を意味する。

さらに「合理的配慮の提供」と言いながら、まったく改善されていない問題がある。それは、欠席日数、授業の欠席時間数の問題である。欠席日数、欠席時間数が校内規定をオーバーしているから単位認定に当たらないという理由で、教えることの放棄が公然と行われ、留年、転学、進路変更として生徒は学校から切り離されていく。時間数が足りなければ、その分を教えることで解決するというのが教員としてのあるべき姿である。しかも、この問題に関しては、学校として経営責任が問われることがない。

私が教員としてスタートしたとき、大学柔道部の大先輩である向健三先生から以下の話をいただいた。

「教えることはよいことだ。そして、生徒には何度でも言い続けなければならない」

向健三先生は富山県の出身で、中央大学法学部を卒業後、富山県高岡市高陵中学校、砺波高校、砺波工業高校で社会科教師として柔道部を指導された。その指導は、粘り強い試合運びと技の切れを重視したもので、インターハイ団体戦二位、三位入賞、個人戦各階級において優勝、二位、三位入賞を遂げるといった選手を育成された。そのほか、全日本学生柔道体重別選手権軽中量級・軽量級（体重区分は当時のもの）で三連覇、世界学生柔道選手権軽中量級で優勝する選手まで輩出している。

このように、数々多くの功績を残された指導者だったが、その指導方針は非常に厳しく、強くするためには一切の妥協をすることはなかった。

稽古中、「お前の柔道には心がない」からと言いながら、「心」の文字を先のとがったもので書かれるということもあった。また、口が空かないようにと、紙を口にくわえて乱取をさせたり、打ちこみと投げこみでは、一瞬でも気を抜くと竹刀や太鼓のバチで指導された。

稽古の休みは年間数日、休日は午前午後の稽古、大会前には先生のご自宅で寝食をともにし、一日四回の稽古、練習中や食事中も、座るときには常に正座をさせられた。

その一方で、一流の選手、そして社会人になるためには礼儀作法を身につけねばならないと考えておられた。

一流のものを知るためにと、朝食も豪華なものにし、夕食は牛ステーキ、すき焼き、しゃぶしゃぶと、当時の高校生では考えられないような食事を提供したほか、大会後の祝勝会では、一流のレストランでフルコースをいただくという機会まで設けられていた。さらに、大会毎に選手の柔道衣を新調したり、ご自身のスーツも新調されていたなど、当時の時代背景ならではの逸話を挙げればきりがないほどである。

ところで、民法第五条には、未成年者に対する興味深い保護規定がある。

第五条　未成年者が法律行為をするには、その法定代理人の同意を得なければならない。ただし、単に権利を得、又は義務を免れる法律行為については、この限りでない。

2　前項の規定に反する法律行為は、取り消すことができる。

端的に言えば、未成年者は約束したことに対して何度でも取り消しができ、責任を問われることなく保護されるという規定である。

これを現実の学校教育に当てはめると、学校の約束の期限に間にあわなかった、学校の規則を守れなかった、約束を守れないということで、大人が未成年者である生徒の「取消権」を否定し、それを当然のこととして受け入れている側面が学校にはある。いわゆる校則にもそれなりの存在意義があり、守らせるのは当然のことであるが、その校則を破ったということを理由に、生徒を学校という学びの場から切り離してきた。

学校教育の現場を、この第2項が規定する法律行為の範疇に含めてよいのかということに議論の余地はあるだろう。しかしながら、約束、校則が守れなかったことを盾に、その多くの生徒を進路変更に追いこんできたというのも事実である。さらに、民法二一条には、「未成年者といえども、詐術《さじゅつ》を用いた場合には保護されない」という規定があるが、校則を守らなかったことを詐術に含めるというのにはかなりの無理がある。そして、この取消権を否定された生徒の行き先のほとんどが定時制であった。

法学部で学ばれた向健三先生の厳しい指導の根底には、未成年者は何度でも取り消しができるという民法第五条にある「法の精神」があったにちがいない。だからこそ、「できなければ、できるまで教え続ければならない」ということを徹底されていたのだ。

学生時代、向健三先生のご自宅でお世話になったとき、「喜ばん、思うようにならざりしものを」と揮毫がされ、「石の上にも三年」という達磨大師のお姿が入った大きな掛け軸が床の間に掛けられていた。今にして思えば、昭和という時代ならではの厳しい指導ではあったが、これも真の「合理的配慮」の徹底なのであろう。

私が初めて全国定時制通信制柔道大会にかかわったのは第一九回大会である。そのころ、大会創設からかかわってこられた先生方が、「この大会は三〇回までもたないかもしれない」と話されていた。定時制通信制高校は、戦後の学制改革で日本国憲法にうたわれている教育の機会均等の実現を起点としていたが、その曲がり角とも言える時期に重なる。

定時制通信制高校は常に時代の流れとともにあり、戦後混乱期における当初の設立目的とは異なる大きな変化を遂げてきたが、こうした流れにあっても、全国定時制通信制柔道大会は大作のような人物を中心に草の根レベルで継続してきた。選手の多くは、全日制もしくは小学校、中学校をドロップアウトしてきた若者で、そうした若者に、「人生の敗者復活戦」とも言える活躍の舞台を提供してきたのだ。つまり、競技実績のみに拘束されない存在意義が本大会にはある。

現在では、大会の運営スタッフの半数近くが定時制通信制高校を卒業した大会OBとなっており、素晴らしい働き気ぶりのもと、役員として大会運営を支えている。こうしたことも、全国定時制通信制柔道大会の魅力の一つとなっている。

この大会自体は、社会全体から見れば決して際立ったものではない。しかし、内村鑑三（一八六一～一九三〇）が『後世への最大遺物――デンマルク国の話』（岩波文庫、改訂版、二〇一一年）で説いたように、この生命を育んできた青い地球に我々は何を残せるのか、それはお金でも事業でも名誉でもなく、「人の生き方こそが後世への最大遺物」だという教えに匹敵する。

大作が荒川商業高校定時制で学び、この柔道大会を目標に奮闘してきたことは、まさに「合理的配慮」へのアンチテーゼと言ってもいいだろう。大作の生き方を振り返ってみると、本人の努力もさることながら、それを支えた教員の奮闘ぶりも「素晴らしい」の一言に尽きる。

学ぶことで人は成長する。大作の生き方が、それを証明してくれた。荒川商業定時制での卒業生答辞にあるように、「こどもたちに何か元気を与えられるものが自分にあるんじゃないか、自分の人生が役に立つんじゃないかと思うようになった」という言葉に、決意表明が結晶化されている。彼の生き方と学ぶ姿勢は、この青い地球における「後世への最大遺物」の一つと言ってよいだろう。

もし、私が全国定時制通信制柔道大会を通じて大作と出会わなかったならば、教育の本質的な部分に気付かなかったかもしれない。そうした意味からも、単なる言葉では言い表せないほどの素晴らしい出会いに恵まれたこの柔道大会と大作に感謝をしたい。

エピローグからのプロローグ——彼と私のよもやま話

（齊藤沙映）

彼「齊藤大作」とあの日に入籍してから、はや二〇年が経とうとしている。「彼」は、みなさんが書いてくださったとおり、話題に事欠かない。それも、なぜか「面白い話」に昇華してしまう。話術さえあれば、某すべらない話に出演できるのではないかと思うことも多々ある。

ここでは、本著ではお伝えしきれなかった「彼」とその「妻」のよもやま話をみなさまにお読みいただきたい。そして、「彼」のことをもっと理解していただけたら幸いである。

私たちのファーストコンタクトは保育士専門学校の入試だった。私は当時正職員として働いており、夜間学校への挑戦は「ダメで元々！　でも勉強してみたい！」という気持ちであったため、周囲を眺めるくらい心に余裕があった。

粛々と入試は行われ、面接となり、淡々と終了し、部屋を退室。廊下で次の面接を待つ受験生をふと見ると、「白いセーターにジーパン」の人がいた。「?!?」いわゆる普通に生きてきた私は、「入試や面接はスーツである!」という固定概念をぶっ壊された。そのうえ、坊主頭の大男。保育士？　はて？　並行して介護福祉科の受験も行われていたため、「この人、間違えてしまったのでは……」と余計な心配さえしてしまった。

まぁよい。面接が終わったこちらとしては、面接を待っている受験生の前を素通りするのも何なので、「がんばってください」と声を掛けてその場を通り去った（今思えば、随分上から目線だな）。すると、「はい。ありがとうございます」と、威勢のいい返事が返ってきた。うおっ！あの人だけ返事してきた。まさか、このときの彼が自分の伴侶になるとは夢にも思わず……。

もちろん、私は周囲にこの話をした。規格外の人が受験していたと。やばいぞ、と。そして、無事桜が咲いて合格！　入学式に出向くと、あっ、いたいた！　あの彼、合格したんだ！　え？丸襟？　そう、今回はスーツだったが、丸襟だった。扇子まで持っており、周囲に威嚇とギラついたオーラを放ち、お付きの者までいた（野村先生ごめんなさい！）。

ああ、そうか！　彼は反社なのか！　私は悟った。舎弟を連れてきたんだな、と（野村先生再度ごめんなさい！）。

周囲を見渡すと、同級生になる人々は、B-BOY風にとがった人、年上の人、坊主頭で僧侶のような人、坊主頭でパンダみたいな人、イケイケお姉さん、純朴そうな女の子……。とにかくさまざまだった。そう、今で言うところの「多様性」である。神はどんな人でも受け入れてくださる、アーメン。そう思った。


そういえば、こんなこともあった。

キリスト教系大学の付属専門学校だったため、校長は神父様であった。もちろん、ありがたい話は時間延長となり、白熱され、聞く者に感動と「睡魔」を与えてくれた。

突然、「彼」が挙手して言い放った。

「先生！　話長いんでもうちょっと短くしてもらえます。誰も聞かないんで」

ぴぎゃ！　この人言っちゃうんだ、全生徒の心の声を。

次の集会のとき校長は、「齊藤さん！　これぐらいの話の長さでいかがですか？」と、話の終わりに「彼」に問いかけていた。

「よろしいと思われます！」

なんだ？　なんだ？　これは一体？　私の人生にはないやり取りが繰り広げられていた。

学内を歩いていると、「こんばんは、齊藤さん」と校長から挨拶をされ、「よっ！　校長」と返事をする「彼」がいた。うん、失礼極まりない。ビックリして引いてしまった……。しかし、慣れとは怖いもので、卒業時には、こんな光景に驚かない自分がいた。

「彼」の学校での破天荒ぶりはまだまだ続く。携帯電話の着信音は絶対にご法度の授業で、もちろん鳴ってしまう。着信音は山手線のホーム音で、「ドアが閉まります……プシュー」。

そして、避けて通れぬ保育実習。まず、実習ノートが面倒で、カッターでページを切り取り、枚数を減らしている。そして、「気合いを入れる」と称し、パンチパーマをあてて行き、同じ実習先であった級友を絶句させていた。もちろんのこと、実習先では唖然とされ、門前や園周囲の掃き掃除を命ぜられていた。

しかし、仕事は真面目で、期待以上に力を発揮した。そんな「彼」の頑張りは、すぐに終わりを告げた。なぜならば、「園の周りをヘンな人が掃除している！」と保護者からクレームが入ったからだ。

当たり前だ。急にパンチパーマの大男が園の周りを掃除していれば、大切なわが子を預ける保護者は園に通報するであろう。「ちょっと……齊藤さん！！」と呼ばれ、「彼」はすぐに園内に引っこめられて、あらゆる修繕を依頼されてしまう。もちろん、ここでも期待以上な仕事ぶりを発揮。そう、「彼」はやれる男なのだ。このようにして、少しずつだが実習先で信頼を得てきた。

しかし、またやってしまった。

子どもたちと園庭で遊んだ際、泥団子を渡されて「食べてね！」と言われ、アムアムと食べる真似をしたが、「ちゃんと食べてね！」と子どもに念を押され、「彼」は悩んだ。

（ちゃんと食べてあげる心が子どもにとって大切なのか？）

そこで「彼」は、一念発起し、泥団子を口にした。

「ちょっと……齊藤さん!!」

また引っこめられた。

「泥団子を食べてはいけないことは分かりますか？」と、先生に指導される。（分かるに決まっているだろう！）と、内心思ったそうだが、こういうところでは反論しないのも「彼」である。

実習生を受け入れる立場となり、もしこんな実習生が来たら本当に恐怖でしかない。私ですら当時のことを覚えているのだから、当時の先生方には相当な衝撃を与えたと思われる。

こんな破天荒な「彼」だが、仲間がどんどん増えていった。級友は本当に優しかった。というか、やばすぎて何も言えない人がいたのも確かである。勢いで押され気味だった級友だが、次第に「彼」の魅力にとりつかれていったのも事実であった。

「彼」の生い立ちをひもといていくと、「友」に飢えていた。もちろん、「彼」が悪いわけではない。喉から手が出るほど欲しかった「友」が、ちゃんとそこにいたのだ。勉強が苦手な「彼」に、毎回仲間たちは付き合った。テスト前の図書室では勉強会も開いている。もちろん、それだけで覚えられるわけはなく、「彼」は追試に相当な時間をつぎ込んで卒業したわけだが……。

でも、「俺は、キラキラした学校生活を送りたい」という「彼」の願いはかなっていった。

「友」から「共」もできていった。「大好きな柔道をみんなでやりたい！」という願いも着々とかなえていった。そう、「彼」の段取りのうまさは、若いころから頑張ってきた建築の仕事で身についていた。だから、ゼロから柔道部がつくれた。気付くと、しっかりとした部活動になり、区民大会などに出場したり、部員が黒帯になったりもしている。部員ではなかった私が遠目に見ていても、素晴らしいことであった。

「彼」は、「区民大会に出場するから、是非応援に来てほしい！」とみんなに声をかけた。そして、五～六人がわざわざ「彼」の応援に出掛けた。一回戦を勝ち進み、時間があると思った「齊藤大作応援団御一行様」は昼食をとりにいった。忘れもしない、そう某ハンバーガーショップで「ベーコンレタスバーガー」が初お目見えした日である。みんな、店内でお召しあがりとなり、作からであった。

「いただきます！」と大きな口を開けた瞬間、一本の電話がかかってきた。そう、我らが齊藤大

「みんな、どこにいるんだ？」

「あっ、マック！　試合まででしょ？」

「なんだよ！　もう終わったよ。負けたよ」

「……」

このときの気まずい雰囲気と、会場に戻って詫びる応援団に対してうなだれていた「彼」の姿を今でも忘れることができない。こういうことになってしまうのも「彼」なのだ。「彼は、応援されると力を発揮する人」――そんな認識になったのもこの日からかもしれない。

三年間の在学中、ひょんなことから私たちは付き合うことになり、そこから三か月でスピード結婚することとなった。そう、交際当初、母からは「大ちゃんはないって言ってたじゃない！」と言われ、実家に出掛けた折、酒好きだった父へお土産としてお酒を買ってきて渡すと、「外堀から埋めてきたか……」とボソっと言われるなど、決して祝福された交際ではなかった。

しかし、そんな父も、初めて「彼」が挨拶をしたときに、「彼はいい目をしているね。いろいろあったのかもしれないが、よい青年だと思う」と見抜いた（？）ようだ。

学校のテスト日、大好きな甥っ子が初めて「だいちゃーん」と呼んだことが嬉しくなり、遊び

に連れていってしまい、テストをすっぽかしてしまったことに対しても父は、「彼にはテストより大切なものだったんだよ」と言っていた。

前日までテスト勉強をしてあげていただけに、すっぽかしたことに鼻息荒く「あり得ない！」と言っていた私を一蹴するくらい、父は「彼」の味方であった。

結婚の挨拶にわが家へ来たときは、緊張のあまり出されたお茶を毒霧のように噴射し、家族中を慌てさせた「彼」、破天荒でおっちょこちょいだが、愛くるしいのである。正直、ちょっとうらやましくもある。

こんなこともあった。結婚してから私は妊娠を六回しているのだが、流産を三回、子宮外妊娠を一回経験している。妊娠のたびに「彼」は大喜びをしてくれ、いつも大切に大切に私を扱ってくれていた。そして、妊娠継続ができないと分かると、二人で涙が枯れるほど泣いた。子宮外妊娠で運ばれたときは、虫の知らせなのか、仕事中に帰宅してくれて、病院まで運んでくれたりもした。

卒業式での二人

手術のあとは、いつもついていてくれた。横で寝ているだけだが、怪獣のようないびきを聞いていると、不思議と私は落ち着いた気持ちになれた。

しかし、である。

退院後、「安静にしていてください」と言われると、なぜか翌日に「彼」は熱を出した。それも高熱である。新型インフルエンザがこの世に初めて降臨し、世間が恐怖に渦巻いたそのときも、新型インフルエンザにかかっている。緊張から解き放たれた途端に体調不良になる不良がどこにいるんだ！

あまりにも毎回なので、「かまって病」でも発病したかと思うくらいであった。いや違う。いたってまじめに熱を出すのだ。だから、放っておけない。これも「彼」の魅力である。なぜだか放っておけない。危なっかしさから来るのかもしれないが、あんな大きな体でゆで卵みたいに熱くなり、「俺のことは放っておいていいから、休んで！」と言われたって、休めないのである。何だか、「彼」がいつも一生懸命な分、返してあげたいという気持ちになってしまう。

こんなこともあった。

福岡県に引越した当初、「彼」は体のすーっとする化粧水「シーブリーズ」を愛用しており、それを買うためにドラッグストアに買い物へと出掛けた。私は別の商品を眺めていたので、「彼」は一人で店員に場所を確認し、商品のもとへ歩いていった。その様子を見ていると、「彼」がカッカと怒りながら戻ってきた。そう、連れていかれた先はファブリーズの売り場であった。

私は爆笑した。「まあ、いい匂いになるしね！」などと言ってなだめたが、ブチ切れていた。

そのあと、ファミレスで食事をした。ポテトを食べたのだが、ケチャップが足りないので「彼」は店員を呼んだ。「彼」は、分からないことは悩まず、すぐに人を呼んで確認するという性格である。

「ケチャップもらえる？」

「はい、ソースですね？」

「はっ？ だからケチャップ！」

「かしこまりました」

そして、運ばれてきたのはソース。私は悶絶した。何だ、この不毛なやり取りは！ もちろん、「彼」は怒っていた。

「なんなんだよ！ なんでケチャップじゃねーんだよ。福岡にはケチャップはねーのか？」

そんなわけない。また、私は笑いながら「まあまあ」となだめた。危うく店員に文句を言いそうだったが、何とか止めることができた。

そう、強面で、大きいのに「彼」はよくなめられる。血気盛んなころは文句を言いまくっていたのであろう。私は世界の平和を守るために、「彼」のブレーキになる決意をして結婚をした。

とりあえず、二人の店員の命を救うことはできた。

こんなこともあった。

児童養護施設での仕事をはじめたある日、布団からなかなか出てこなかった。

「どうした？　朝だよ。具合でも悪い？」

「え？　雨だから行かない」

「は⁉」

建築でずっと生業を立ててきた「彼」にとっては、「雨＝仕事は休み」なのだ。そう、リアルハメハメハ大王である。「雨が降ったらお休みで〜♪」なわけがない。叩き起こした。「だって……雨で……」とかブツブツ言いながら、「彼」は仕事に向かった。

こんなこともあった。

「彼」は、上司にいたずらを仕掛けるのが大好きだった。裏山で出たヘビを捕まえてビンの中に入れ、宿直中にそっと上司のデスクに置き、翌朝、出勤してきた上司が一日中気分悪く過ごす様子を目にしてゲラゲラと笑っていた。もう一つ、室内サンダルの裏にガムテープを貼って床に張りつけ、外から帰ってきた上司がサンダルを履くと、足が前に出ず、突っかかっている姿を目にしてゲラゲラと笑っていた。

そんなことばかりしているから、宿直中に食べた唐揚げをあやまって落とし、探しても見つからなかったときには、翌朝、上司から「またお前か！」と、デスクの脚に乗っかっていた唐揚げをいたずらだと勘違いされたりもしている。

また、子どもが自宅へ逃げ帰ってしまったとき、彼は一生懸命に捜索し、自宅にいることを発見したわけだが、その保護者から施設に連絡が入り、「お前の施設は組の者をよこすのか？」と怒鳴りこまれている。上司は「そんなわけはないだろう！」と言って電話をすぐに切ったが、その瞬間、「お前だろう！」と指をさされていた。そのように見えるが、決して組の者ではない。

別の日、子どもが施設に帰らずに逃げ出した日にも、「彼」はすぐ捜索に出掛けた。夜中に探すわけだが、そんなとき、職務質問を受けてしまうというのも「彼」である。

「すみません。何をしているのですか？」

「子どもを探しています」

「私たちも探しています」

「あっ、同じ子どもです。ご苦労さまです。よろしくお願いします」

いったい何だ、この警察との会話は？　そんな「彼」が、真剣に子どもや職員に向かっている姿は本当に尊敬できた。

「俺は、この世界のすべての子どもを大切にしたい！」と言っていた。「彼」は、大切にしたい

「子ども」だけを守るのではなく、守れなかった「親」にも何かしら事情があった（親の家庭環境や発達の問題など）はずだと言い、それを、子どもたちに恨ませるようなことはしなかった。もちろん、行為として許されないことはあるが、「行為を憎んで人を憎まず」とはこのことだと、私にはない考え方に感動した。それも、「彼」自身がライフストーリーワークを経験したからこそだと感じている。

波乱万丈な人生を送る人はたくさんいるが、「そこを乗り越えた人」と「乗り越えていない人」の差はすごい。乗り越えていない人を見てきたが、やはり「同情」に走る人が多かった。承認欲求の塊のような人だった。やっていることはすごいのに、根っこがグラグラで、「見て、すごいでしょ！」から脱出できない大人の内容は薄かった。だから、それを見破る人を排除していたのだろう。

「彼」は、自分の生い立ちから「家族が一緒にいること」や「家族で助けあうこと」をとても大切にしていたし、現に「彼」がつくってきた家族は、自然とそのような形になっていた。「友＝共＝家族」なのかもしれない。それは、血のつながりを超えていた。「血がつながっていなくても家族」は、グループホームで大切にしてきた言葉である。

子どものころの「彼」に対して、「いっぱい鎧を着ていたんだね！」と言ったことがある。自分を守るために必死だった「彼」が、成長して、一枚一枚鎧を剥いでいったとき、彼は丸腰で人前に立てるようになっていた。確固たる自信があったからだ。だから、他人にも優しかった。人のことであんなにも涙を見せる大男も珍しい。ひと言では言えないが、そういうことすべてが「彼」の魅力なのだろう。

しかし、残念なこともある。

前述のとおり破天荒だった「彼」が一般常識を知ることになり、一般人化してしまったのだ。私がブレーキをかけてきたことは間違いだったのか？「何だか面白くねー」と後悔することもしばしばである。当初の世界は救ったわけだが、楽しいエピソードが控えめになったことはちょっと悲しい。勝手だが……。

でも、「彼」のエピソードはこんなもんじゃ終わらない。鬼嫁の観察日記として、第二弾となる本を出版したいくらいだ。ひょっとしたら、お話があるかもしれないので、大事にとっておこう。

ここまでは、友、妻、家族としての「彼」を書いてきたわけだが、児童養護施設の職員として、第三者の目で見るとどうであったのかについて書いてみる。

常に「彼」は考えることをやめなかった、と思っている。「いつそんなこと考えているの？一日に何度も入るトイレ？」などと質問したこともあったが、「ふふふ」と笑うだけであった。

自分の過去と置き換えることができたためか、子どもの気持ちがよく分かっていた。また、本質をよく見ていた。そのせいか、指導の仕方もほかの職員とは変わっていた。ただ闇雲に、「どうだったか？」を詰めて謝罪をさせるというものではなかった。逆に、子どもからすれば、「謝ればこの場から逃れられる」という状況にならなかったため、きつかったかもしれない。

「次にこうしたらこうなる。だから、〇〇するべき」

常に、彼の想定内だった。本当に毎回驚かされた。

また、外部交渉がうまかった。人の好き嫌いがあるだけに、「人のよいところだけを見る。嫌いになったら、それしか見えなくなるから」と、「彼」は心に決めていた。そのため、苦手な人とは極力距離を置いているようだったが、自分と意気投合できる人とはしっかり絆を結んでいった。

そして、職員だけでなく子どもに対しても、いるだけで不思議と安心感を与える人である。それがすごく大事なことだと気付いたのは、熊本大震災（二〇一六年四月一四日、二一時二六分以降）のときだった。あの大地震のなかで住みこみをしていた私たちだったが、彼は颯爽と子どもたちの部屋を回って、「大丈夫か？」と声をかけ回り、鳴りやまない保護者からの電話に対応していた。

一部の子どもたちから、「大作くん走った？　揺れたけど」と、その体型から震源地疑惑をかけられたが、そこに「彼」がいれば大丈夫だと子どもたちが思ってくれた。職員も同じであった。

何をしてよいか分からずにオロオロしているなか、「○○は◇◇して！」、「○○は子どもたちのそばにいて！」と指示を出してくれた。

夜のことゆえ、管理職がなかなか到着できないなか、「彼」が指示を出してくれたおかげでみんなが安全に過ごすことができた。このような安心感こそが施設職員の大切な武器となる。「この人にはかなわない」とさえ思ってしまった。

しかし、弱点もあった。

女心がまったく分からないのだ。びっくりするほど分からない。夫婦で職員だったため、「彼」は「お父さん枠」として子どもたちから見られていた。だからよかった面もあるが、一人の職員として女の子とかかわると、女子特有のワチャワチャに対応できなかったようだ。

そして、無駄な怪我が多かった。飲んだ席でドロップキックをかまし、着地に失敗して肘が伸びなくなってしまったり、高校に行っただけなのに、帰ってきたら膝下から流血していたり、揚げ句の果て、自分の子どものためにプリキュアのDSソフトを買うために原付で向かったが、交通事故に遭い、車に吹っ飛ばされるという始末である。しかも、そのDSソフトの発売日ではなかった……。

また、自分のなかにある理論や構想を他人に伝えるのが苦手である。もったいない話だが、「彼」自身このウィークポイントは自覚しており、児童養護施設を代わる際、児童発達支援で働き、あえて下積みをして、いろいろな職員の気持ちを理解し、克服しようとしていた。

そんな「彼」を、同僚として、妻として隣で働いていた私にも夢があった。しかし、「彼」と一緒にいることで、「彼の夢を支えること」がいつしか私の夢になった。「この人と一緒に仕事をしたい！」と思えたのだ。

私自身「自分」がないわけでもないし、私が必要だと思うことは、仕事にしろ、何にせよ、「彼」から止められることなくやっている。やり方は違っても、最終ゴールは同じところを向いている。それでいいと、最近つくづく思っている。

先日、一緒にやっていたグループホームの長男坊が結婚をし、家庭をもった。何と、親族として結婚式に招待してくれたのだ。私たちは、答えのない世界で常に考え、悩んできた。子どもたちにどうすることがよいのか、と。伝えたいことはたくさんあるが、一つだけいつも目標に思ってきたのは、「自分で家庭を築いてほしい」ということだった。

それを伝えるために二人で住みこんで、家庭の温かさや心地よさ、また他人と暮らすことで譲らなくてはいけないことを伝えてきたが、それでも「自分の居場所だ！」という家庭をつくってほしいと思っていた。

長男坊は、それをかなえてくれた。一緒に暮らしていたときはいろいろと問題もあったが、自立して、遠回りしながらも、守るべき人を手に入れ、素敵な家庭を築いていた。私たちがやってきたことが報われた瞬間だった。「彼」と一緒に涙した。よかった、本当に。

「がんばってください」、「はい、ありがとうございます」

ここから私たちの物語ははじまった。そこから、「この破天荒を世に放っていては危ない！世界を救わなくちゃ！」という私の決意を経て、現在に至るまで、嬉しいことも、悲しいことも一緒に手をつないで歩いてきた。時には手を引っ張って、時には手を引っ張られて……。

私たちは、何とかその手を放さずに歩いてこられた。本当に、支えてくださった方々のおかげであると感じている。本書の原稿を読ませていただき、妻として、改めて「ありがとうございます」という気持ちをみなさんにお届けしたい。

初めての学校までの道のり、橋の上で手をつないだこと。そのときのあなたの笑顔を一生忘れません。人生の幕を下ろすとき、私はきっとその笑顔を思い出すでしょう。しあわせだった、なんて。

おわりに

本書の執筆が佳境を迎えたころ、大作から手紙が届いた。その手紙には、大作が福岡の児童養護施設のマイホームで働いていたころに入所していた、大作夫妻にとっては「長男坊」にあたる子どもが結婚式を挙げたときの写真が同封されていた。ちなみに、大作が抱えているものは、「長男坊」の両親の遺骨である。

「血がつながっていなくても家族」

大作がマイホームに入所している子どもたちに繰り返し伝えていた言葉である。まさに、大作と奥さんの願いがかなった瞬間である。結婚式で「長男坊」から大作に渡された手紙には、そのことが見事に綴られていた。

「長男坊」の結婚式で

大好きな大作先生・沙映先生へ

この手紙を渡す時は、久しぶりに会えてとても嬉しくて泣いている頃だと思います。

泣いていなかったら本当にごめん。

お二人には小学校の頃から本当にお世話になりました。思い出話をしようとすれば何から話したらいいかわからないくらい思い出に溢れています。

正直、学園での小さい頃の記憶は全然ありません。入所した日が感謝の日で、白ご飯ときな粉で飯食ってて先が思いやられた記憶ぐらいです。

しかし、唯一覚えているのが、父が亡くなった日の夜に大作先生が横にいてくれたこと。

現実を受け止められなくて、中々寝れなくて、廊下に出てずっと歩いて往復して、本当は夜、廊下にいくのはダメなのに大作先生は何も言わずに寄り添ってくれたことは鮮明に覚えています。

あの日から大作先生と関わるようになり、沙映先生にも出会い、二人の普通とはだいぶかけ離れた独特の雰囲気に興味が湧き、大好きな先生になっていきました。

その後二人は僕に大人な感覚をたくさん教えてくれました。

その時の僕は自分の感覚とは全然違う余裕のある二人の感覚にすごく自分が恥ずかしくなりました。

人格を形成してくれたといっても過言ではないです。

今の僕があるのも二人のお陰ですし、今日この場に立って素敵な結婚式をさせていただいているのも二人のおかげです。

本当に育ててくれてありがとうございました。

血が繋がっていなくても家族。

マイホーム　U・Tより

……………………………………


大作は、奥さんとともに、社会的養護としての「血がつながっていなくても家族」を孤軍奮闘で実現しようとしている。その一方で、日本における社会的養護の対象者は約四万二〇〇〇人の横ばいの状況となっており、現在、その主要なものが保護者からの虐待となっている。

子ども家庭庁は、二〇二四年九月二四日、全国の児童相談所が二〇二二年度に対応した児童虐待相談の件数が、「過去最多の二一万四八四三件だった」と発表した。そのうち、一時保護に至ったのが約二万九四五五人で、大作が働いているような施設入所に至ったものは、わずか四四四〇件程度である。すなわち、虐待相談の八割強が養護や保護に至っていないことになる。

急増する児童虐待の背景にあるのは「貧困」や「孤立」といった社会問題である。子どもへの虐待は社会的要因が大きく、全国調査や自治体独自の調査でもこの二つが主な要因となっている。

✿「ある街」が消える

再び、「ある街」を訪れてみることにする。

「ある街」には、たんばさんという老人がいる。歳も、いつからこの街に住んでいるのか、知る人はいない。それでも、酒に酔って日本刀を振り回して暴れる「くまん蜂の吉」と呼ばれる乱暴者を二言、三言でなだめた話や、家に押し入った泥棒に財布からお金をあげて、「困ったときにはまた来なさい」と言った話など、たんばさんにまつわる逸話は事欠かない。

たんばさんはもう六十二、三になるな、と或《あ》る者が云《い》う。まだ五十代だと云う者もあるし、七十にはなっていると主張する者もある。当人は柔和に笑って、自分でもわからない、忘れてしまったようだ、などと云って話をそらしてしまう。名前もたんばさんと呼ばれるだけで、それが姓なのか渾名《あだな》なのかわからない。住民登録がどうなっているか、――ここではそういう問題に関心をもつ者はいない、ことにたんばさんはそうで、彼がなに者であるかと疑う余地もないほど、ここの住人たちはたんばさんを頼りにしていた。困ったことにぶっつかったとき、悲しいとき苦しいとき、癪《しゃく》に障《さわ》ったとき、うれしいとき、そしてそれらがどうしようもないとき、かれらはたんばさんをたずねる。（前掲書、四〇三ページ）

（中略）

いま、われらの「街」は眠っている。くまん蜂の吉はどこかへ移っていったが、たんば老の世話になった人たちの多くは、この長屋内のそれぞれの家で眠っている。たんば老に助けられたことを思いだして、感謝の溜息《ためいき》をついている者もあろうが、たいていは忘れてしまっていて、それにもかかわらずこの長屋にたんばさんがいること、困ったときには相談に乗ってもらえる、という安心感に慰められて溜息をつくのであった。（前掲書、四二八〜四二九ページ）

「ある街」は、今よりも貧しかったのかもしれない。けれども、そこに住む人たちは、誰もが孤立することはなかった。たんばさんがいたからというわけでもなく、それぞれが街の誰かとつながっていたからであろう。

六ちゃんは「電車バカ」と呼ばれて、誰からも相手にされなかったが、架空の市電の路線で猫のとらを見かけると、その飼い主である半助の家にとらを連れて立ち寄っている。そして、六ちゃんのお母さんが「まとも」になることを二人して案じていた。

犬小屋よりもぼろい小屋に住む父子には、「のんべ横丁」のすし屋のおかみさんが、いつも客の残したものを古鍋に入れて待っていてくれた。横丁のみんなが優しいわけではなかったが、おでん屋や中華そば屋にもそれなりのつながりがあった。

五人の子どもをもつ良太郎にも、妻のふしだらを笑う長屋の住人たちの陰口やあてこすりが常にあり、それはそれで、良さんの家族を見守るつながりと言えないこともない。

そして、結果的に出刃包丁で刺すことになってしまったが、かつ子には、誰よりもつながりの濃い、「伊勢正」商店の店員である岡部少年がいた。

「ある街」は、とことん貧しいがゆえに、人のつながりが浮き立ち、そこに何だかの救いを感じることができる。闇が深ければ深いほど、ひと筋の光に希望を感じるように。それが作者の意図であったのか、それとも昭和という時代のありふれた空気であったのかは分からない。

翻って、今の時代はどうなのだろうか。貧富の二極化が加速するなかで、「貧困」と「孤立」が相まって深刻に広がっている。報道される重大事件の多くが家族にかかわるものであり、闇バイトによって犯罪に巻きこまれてしまう若者が後をたたない。背景にあるのは、言うまでもなく「貧困」と「孤立」である。

「不登校の子どもと家にいて、毎日顔を合わせていると、最後は生きていても仕方がないと言って、二人で泣いてしまうんです」

あるシングルマザーの言葉が心に刺さる。頼りになるはずの大人とのつながりが希薄になり、孤立無縁の家族や家庭だけが点在している。このようにして、現代社会では「ある街」が消えようとしている。

✻ 大作から学ぶ

大作と六ちゃんが、どうしても重なってしまう。それは、母親との思い違いや行き違いに真剣に向きあおうとする「やさしさ」かもしれない。六ちゃんは「あの街」で架空の市電の運転手になったが、大作は現実の児童養護施設で働き、自身の手でファミリーホーム（小規模住宅型児童養育事業）をはじめようとしている。その理由の一つが、自分を施設に送ったことを今も悔やんでいる両親を慰めるためである。

「貧困」と「孤立」が広がる世の中において私たちは、「大作物語」から多くのことが学べるのではないだろうか。とくに、不登校や問題行動、発達障がいや知的障がいなどの学校教育における課題について、施設における大作の失敗や試行錯誤を大いに参考にすべきである。そして、何よりも、大作から学ぶべきことは、子どもたちにとことん寄り添うという姿勢かもしれない。それを証明したのが「長男坊」の手紙である。

困難な課題を抱えた子どもたちが、「言葉で自分を語れる」ようになるためには、大人が常にそばで寄り添っていることが何より大切であることを、大作の物語は伝えている。

改めて大作の言葉を紹介して、この物語の幕を下ろすことにする。

人は誰しも、独りで考え、向きあうことが難しいという問題を抱えている。そこに誰かが寄り添い、話を聞いて、共感する存在が必要である。共感する存在でありながら、その反面、子どもが触れられたくない部分、向きあいたくない部分にも、共に目を向けられる存在となれるか否かが、施設職員に求められている技量なのではないかと思っている。

✼カーテンコール

「貧困」や「孤立」の広がる社会で、施設養護につながる子どもはほんのわずかである。多くの「家がしんどい」子どもたちが深刻な困難を抱えながら、今日も孤立した家庭や地域のなかで生活し、不安に怯えながら学校に通うか、悶々としながら家に引きこもっている。

このような現実を考えると、大作の言葉は、施設職員にかぎったものではなく、学校の教員、学校をサポートする支援者、地域で子どもを見守る人たちなど、すべての大人たちに向けたメッセージであることが分かる。そういえば、大作が人生の岐路においてこだわったのが「差別を忘れない場所」で働くことであった。そこは、「貧困」と「孤立」の最前線にある社会的養護の施設であった。その選択こそが大作の「覚悟」であり、「恩返し」なのかもしれない。

そして、この物語に繰り返し出てくる「寄り添う」という行為も、決して生易しいことではなく、それなりの「覚悟」と「恩返し」の連鎖があってこそのものであろう。とはいえ、本当に困っている人に私たちができることは、「ただ寄り添う」ことだけなのかもしれない。

経済格差の二極化が加速する現代社会では、ひと握りの富裕層が自らの努力で勝ち取った地位や権利とばかりに「勝ち組同士」で連帯を強めている。そして、貧困層に対しては、努力不足の自己責任と切り捨てて見向きもしない。そもそも、富裕層の意識のなかに「ある街」などは存在していないようだ。

一方、貧困層は、お金やつながりの貧しさのなかで「八方ふさがり」の状態となって、ますます孤立感を深めている。かつて存在していた中流層がどちらの層にシフトしているのかは言うまでもないであろう。

身近なところに「貧困」と「孤立」が忍び寄る現代社会において、大作ほどの覚悟はもてないにしても、「世の中に差別を忘れてはいけない場所」が存在することを私たちがどれほど意識できているのか、それが今、問われているように思えてならない。

『さらば学力神話』、『「困った生徒」の物語』に続き、今回も書籍化の機会を与えてくれた株式会社新評論の武市一幸さんにはこの場を借りて深く感謝申し上げる。ひょんなことから発掘された大作の「自分史」を誰よりも評価してくれたのが武市さんであり、それが書籍化における強い推進力となった。

今回、私の思い付きによる身勝手なお願いにもかかわらず、「大作のために」と快く原稿を引き受けてくれた若林眞先生、野村頼和先生、柳浦康宏先生、小池勝男先生、そして奥様の齊藤沙映さん、また前著に続きかわいいイラストを描いてくれた滝本浩世先生にこの場をお借りして心より御礼を申し上げる。さらに、直接本を手渡すことが叶わなかった草淳子先生に対しては、御礼とともにご冥福をお祈りしたい。

大作という男が、「こいつはやばい」、「これはやっかいなことになる」とみんなを心配させてくれたおかげで、このような本が完成したことになる。本書を手にした読者のみなさまが同じような思いに駆られ、大作の輪が広く世の中に広がってくれるのであれば、望外の喜びである。そんな思いを込めて、心から叫びたい。

「ありがとう、大作！」と。

執筆者集合！

【筆者紹介】

齊藤大作（さいとう・だいさく）

1976年神奈川県横浜市に生まれ、東京都杉並区で育つ。小学校3年生から軟式野球をはじめる。いじめ・不登校・非行を経験し、1989年（中学1年生）千葉県の児童養護施設に入所となる（1年程度）。転校をくり返し、中学を卒業する。中卒で建築業に就き、その後約15年間建築業をしている。22歳で東京都立荒川商業高等学校定時制に入学し、柔道・差別問題を学んで卒業。上智社会福祉専門学校保育士科に入学し、妻と出会う。その後、お礼奉公を1年し、福岡県の児童養護施設にて約12年間勤務。その内7年は、家族（妻・娘）も一緒にグループホームにて男子8名の児童と生活をともにする。

東京都で児童発達管理責任者として療育を1年間勉強する。2019（平成31）年、千葉県の児童養護施設に入職。現在、里親支援専門員として勤務。

齊藤沙映（さいとう・さえ）

1978年東京都に生まれ育つ。東京都立九段高等学校卒業後、東京医薬専門学校を経て、総合病院の病棟クラークとして働く。子どもと接するなかで専門性を高めるため、在勤中に上智社会福祉専門学校に入学し、夫となる大作と出会う。

放課後等デイサービス、病院ケアワーカー、乳児院・児童養護施設保育士、病児保育室保育士を経験し、現在児童発達支援センター保育士として在勤。社会的養護の子どもたちに療育を還元できるよう、日々研鑽している。

若林　眞（わかばやし・まこと）

1962年生まれ、東京学芸大学大学院卒業。現在、柔道部・部活動指導員（会計年度任用職員）。アラスカ州立ブラッチェリーミドルスクール、文教大学、私立成城高校などで講師を経験後、1991年より定年退職まで荒川商業（定）、深川、日比谷、墨田川で都立高校教員として32年間勤務。2022年にグッドコーチ賞受賞（東京都教育委員会より）。

野村頼和（のむら・よりかず）

1971年生まれ。1995年から初任校となる東京都立荒川商業高校定時制で13年間勤務。東京都立淵江高校全日制で3年間勤務。その後、荒川商業全日制で11年間勤務し、閉校に伴い、大島高校全日制に異動。現職。

柳浦康宏（やなうら・やすひろ）

教員生活35年、養護学校、定時制高校、普通科全日制2校目、教員歴は長いが、4校のみ。一つ一つの学校で可能なかぎり長く在任し、魂を込めて生徒とかかわってきた。どの学校にも、生徒一人ひとりに課題があり、その時・その場面で必要なことを愚直に、生徒と保護者の役に立てればとの想いでやり続け、現在に至る。3人の子どもの父親。柔道6段、38人の柔道部員と日々奮闘。2024年、念願の関東大会出場が決定。

小池勝男（こいけ・かつお）

中央大学卒業。好きな言葉は「精力善用　自他共栄」。「終始最善を尽くせ」という嘉納治五郎師範の教えの下、2004年に柳浦康宏氏から「全国の定通で学ぶ子供たちのために」という氏の熱い想いと共に大会事務局長を引き継ぐ。全国高等学校体育連盟定時制通信制部柔道専門部事務局長。2022年より、都立小金井工科高等学校、再任用勤務。英語科、柔道7段。

【編著者紹介】

磯村元信（いそむら・もとのぶ）

1957年生まれ。1979年筑波大学卒業。

2008年度から2018年度まで東京都立秋留台高等学校校長（11年在任）。

「学び直し」の高校というコンセプトに行き詰まっていた秋留台高校を「若手教員のボトムアップ」という現場主義の改革手法でリニューアルして退学者を半減させる。

2019年度から2021年度まで東京都立八王子拓真高等学校校長(3年在任)。「不登校」チャレンジ枠の昼夜間3部制定時制の制度を生かし「高校の最後の砦」として「生徒をとことん面倒見る」学校経営を推進して退学者を半減させる。この活動が広く評価されて、NHKクローズアップ現代「さらば！　高校ドロップアウト～“負の連鎖”を断ち切るために～」、NHK ETV特集「さらば！ドロップアウト　高校改革1年の記録」などで紹介された。

2023年度より、ぼうず教育実践研究所代表。

元全国高等学校体育連盟定時制通信制部柔道専門部部長。全日本柔道連盟重大事故総合対策委員長。

著書として、『さらば学力神話』（新評論、2023年）、『「困った生徒」の物語』（新評論、2024年）がある。

大作物語
―「家がしんどい」子どもたちを支える社会的養護のリアル―　（検印廃止）

2025年3月15日　初版第1刷発行

編著者　磯村元信
発行者　武市一幸

発行所　株式会社　新評論

〒169-0051　東京都新宿区西早稲田3-16-28
http://www.shinhyoron.co.jp
TEL　03（3202）7391
FAX　03（3202）5832
振替　00160-1-113487

定価はカバーに表示してあります
落丁・乱丁本はお取り替えします

DTP　片岡力
印刷　三秀舎
製本　中永製本所
装丁　山田英春

ISBN978-4-7948-1284-1
Printed in Japan